Migdol

Ricerche su modelli di architettura militare di età ramesside

(Medinet Habu)

Giacomo Cavillier

BAR International Series 1755
2008

Published in 2016 by
BAR Publishing, Oxford

BAR International Series 1755

Migdol

ISBN 978 1 4073 0194 5

© G Cavillier and the Publisher 2008

The author's moral rights under the 1988 UK Copyright,
Designs and Patents Act are hereby expressly asserted.

All rights reserved. No part of this work may be copied, reproduced, stored,
sold, distributed, scanned, saved in any form of digital format or transmitted
in any form digitally, without the written permission of the Publisher.

BAR Publishing is the trading name of British Archaeological Reports (Oxford) Ltd.
British Archaeological Reports was first incorporated in 1974 to publish the BAR
Series, International and British. In 1992 Hadrian Books Ltd became part of the BAR
group. This volume was originally published by Archaeopress in conjunction with
British Archaeological Reports (Oxford) Ltd / Hadrian Books Ltd, the Series principal
publisher, in 2008. This present volume is published by BAR Publishing, 2016.

Printed in England

PUBLISHING

BAR titles are available from:

         BAR Publishing
         122 Banbury Rd, Oxford, OX2 7BP, UK
EMAIL   info@barpublishing.com
PHONE +44 (0)1865 310431
  FAX +44 (0)1865 316916
         www.barpublishing.com

La logica della difesa perfetta ha sempre tolto agli eserciti, in ogni tempo, il grande pungolo guerriero dell'imprevedibile.

(da *Carlo Magno* - Granzotto 1978, 57)

This study has attempted to ascertain whether Near Eastern experience on fortifications affected the design of egyptian's *castle* of the 20th Dynasty at Medinet Habu. The archaeological evidence assembled for this purpose, seems to support the idea that this building was not only a "fortified" residence, but could be an important source to study changes in design of Egyptian fortifications throughout the New Kingdom. Studies on practical problems of the construction and enduring of the fortress leads to a discussion of defining the use or function of 'building' as well as the problems to define the intensive contacts between Egypt and Near East.

INDICE

Prefazione 1

Parte prima: *Il Migdol asiatico fra definizione e contesti archeologici di riferimento* 7

Parte seconda: *Il Migdol in Egitto* 29

Parte terza: *Il Migdol di Ramesse III a Medinet Habu* 39

Parte quarta: *Il Migdol ramesside tra originalità e influenze asiatiche* 63

Documentazione fotografica 71

Bibliografia 89

PREFAZIONE

Il presente contributo ha l'unica ambizione di fungere da utile approfondimento su uno degli aspetti più interessanti dell'arte militare ramesside: l'architettura dei *migdol*.

Con questo termine semitico si suole indicare, o meglio classificare, una particolare categoria di strutture fortificate (fortilizi e torri) che sembra aver ricoperto un particolare ruolo fra i modelli dell'architettura militare di età ramesside; elemento di viva espressione della variegata ma altresì compatta cultura siro-palestinese del Medio e Tardo Bronzo, il migdol, nella sua valenza di tempio ad accesso turrito, di fortezza, di torre e di accesso fortificato, risulta dapprima acquisito e poi accuratamente rielaborato dagli Egizi, divenendo così modello "dinamico" e "plurifunzionale" della strategia di conquista ramesside, basata sul duplice concetto di mobilità ed offesa e su di un controllo capillare dei territori sottomessi.

La valenza concettuale del migdol in Egitto, sembra tuttavia varcare i limiti di un ideale veicolo o strumento di strategia per fungere da testimonianza di quel fecondo coagulo di elementi egizi ed orientali cui soggiace il clima di "internazionalismo" nel Vicino Oriente e l'idea stessa di propaganda della regalità del tempo; un fenomeno, questo, scaturito dal lento plasmarsi del concetto di impero nelle dinastie XVII e XVIII e che, proprio in età ramesside, trova edificante testimonianza nella messa in opera di colossali rappresentazione di battaglie e di campagne militari sui piloni dei principali complessi religiosi del paese, nella rielaborazione di soluzioni e di elementi architettonici tipicamente "asiatici" atti a conferire maggior maestosità ai complessi fortificati (come quelli di Tell el-Retaba, Zawiyet Umm el-Rakham e di Medinet Habu) e, in scala forse più ridotta, ma di stessa efficacia, nella capillare distribuzione delle "residenze governative" e di "fortilizi" nei domini, strutture in grado non solo di garantire la gestione e il controllo amministrativo-militare dei territori ma, altresì, di promuovere quel processo che Higghinbotham definisce *Egyptianization and Elite Emulation* delle culture e delle popolazioni asservite.

Questo quadro appena delineato non tiene ovviamente conto delle molteplici valenze e diramazioni che il significato stesso del termine assume nella sua proiezione spazio-temporale nel quale si intrecciano ed interreagiscono arte militare, cultura e propaganda. Se in Egitto tale modello sopravvivrà quasi immutato fino alla fine della dominazione romana, in Siria e in Palestina, invece, si assiste ad una sua diversificazione funzionale in torre, fortezza e accesso fortificato, in grado di adattarsi, di volta in volta, alle molteplici e variegate esigenze culturali e politiche dei territori nel quale questo si inserisce e agisce; basti pensare, ad esempio, ai migdol citati nelle fonti antico-testamentarie o agli imponenti accessi delle città siriane e dei regni neoittiti dell'Età del Ferro, definiti appunto migdol, le cui caratteristiche testimoniano l'avvenuta maturazione dell'amalgama fra tradizione ed innovazione.

In questo complesso e variegato quadro evenemenziale, che invero esige una ben più ampia trattazione, è parso utile, quale studio preliminare, rivolgere lo sguardo sul significato del termine di accesso fortificato[1]. Da qui, l'idea di effettuare un'analisi di quegli elementi difensivi di presunta derivazione siro-palestinese ravvisabili nelle strutture di accesso del complesso funerario di Ramesse III a Medinet Habu.

Appare quindi chiaro quale sia l'ambizione di questo lavoro, volto ad un approfondimento di natura tecnica su alcuni elementi di un quadro analitico di ben più ampi orizzonti. L'indagine, così opportunamente svincolata da necessità di sistematicità e completezza da manuale, si articola in quattro parti; la prima parte è dedicata alla definizione di migdol quale accesso fortificato nel contesto vicinorientale e ai riscontri archeologici alla base di tale significato. Nella seconda parte si è tentato di tracciare una coerente linea di sviluppo del significato e della struttura in Egitto per poi passare nella terza parte ad analizzare gli elementi rilevanti e di interesse sui migdol di Medinet Habu. Nell'ultima parte si effettua una comparazione funzionale e strutturale fra i complessi siro-palestinesi e quello tebano, al fine di evidenziarne analogie e discrasie comprovanti l'eventuale sussistenza di interazioni culturali fra le due culture; conclude la bibliografia alla quale fare riferimento per ulteriori e ben più idonei approfondimenti.

Nel fare ingresso in un campo d'indagine tuttora *in fieri* mi sono fatto carico di operare una doverosa scelta sulla quantità, sul dosaggio e sulla pesatura dei vari elementi utilizzati, in sintonia con i limiti spaziali e temporali della tematica prescelta. L'idea di aver dato ampio respiro gli aspetti propriamente architettonici a discapito di quelli testuali ed iconografici, qui chiamati in causa solo a fini completativi, è mia responsabilità ed è ovviamente suscettibile di critiche e di osservazioni che, nell'ottica di una proficua discussione scientifica, accoglierò con favore.

È una "rilettura" che getta un po' di luce solo su alcune *tesserae* dell'intricato e complesso mosaico fenomenologico che soggiace al migdol e che auspico possa fungere da utile innesco per ulteriori e più idonee ricerche e fornire altresì utili spunti di riflessione e di discussione sull'interessante questione.

Giacomo Cavillier

---

[1] - Uno studio preliminare sugli elementi di derivazione orientale ascrivibili agli accessi del complesso di Medinet Habu è stato pubblicato da chi nel 2004 (Cavillier 2006) e costituisce parte essenziale del presente volume, mentre per il significato del migdol quale fortilizio indipendente è dedicato un volume di prossima pubblicazione.

SCHEMA CRONOLOGICO DI RIFERIMENTO

a.C.	SIRIA-PALESTINA	EGITTO
2000	**BRONZO MEDIO** (MB)	**MEDIO REGNO** **II PERIODO INTERMEDIARIO** XV-XVI Dinastie (Hyksos) XVII Dinastia (Tebana)
1500	**BRONZO TARDO** LBI (1475-1400) LBIIA (1400-1300) LBIIB (1300-1200)	**NUOVO REGNO** XVIII Dinastia (1575-1308) Tuthmosidi periodo "Amarniano" XIX Dinastia (1308-1184)
1200 1000	**FERRO (I)** IA (1200-1150) IB (1150-1000)	XX Dinastia (1184-1087) **III PERIODO INTERMEDIARIO** (1070-713)

L'EGITTO E I PRINCIPALI REGNI DEL VICINO ORIENTE NEL TARDO BRONZO

a.C.	EGITTO	PALESTINA	SIRIA	HATTI
1600				
	Kamose (1590)			
	Nuovo Regno			
	XVIII DINASTIA			
	Ahmosi			Zidanta I
	(1575-50)			Ammuna Huzziya I
	Amenhotep I			
	(1550-1528)			Telipinu
	Tuthmosi I			
	(1528-1510)			
	Tuthmosi II			
	(1510-1490)			
1500	Hatshepsut	Cananaico Tardo	Idrimi di	Tahurwalli Alluwamma
	(1490-1468)	Tardo Bronzo (1500-1100)	Alalakh	Hantili II
				Zidanta II
	Tuthmosi III			Huzziya II
	(1468-1436)	Battaglia di Megiddo	Niqmepa di Alalakh	Tudhaliya II
				Hattusili II
	Amehotep II		Ilim-ilimma	
	(1436-1413)		di Alalakh	
	Tuthmosi IV			
	(1413-1405)			
1400	Amenhotep III		Apogeo di Ugarit	
	(1405-1367)		(1400-1200)	Suppiluliuma I
	Amenhotep IV			
	(1367-1350)			
				Arnuwanda II
	Tutankhamon – Ay		Piyashili di Karkemish	
	(1350-1335)		(1345 – 1335)	Murshili II
	Horemheb			
	(1335-1308)			
	XIX DINASTIA			
	Ramesse I		Shahurunuwa di Karkemish	
	(1308-1307)		(1335-1270)	
	Sethi I			Muwatalli
	(1307-1291)			
1300	Ramesse II		Battaglia di Qadesh	Urhi-Teshub HattusiliIII
	(1290-1224)			Tudhaliya IV
			Talmi-Teshub di Karkemish	
	Merenptah	Popoli del Mare	(1220-1190)	Arnuwanda III
	(1224-1214)			Suppiluliuma II
	Sethi II-Tauseret			
	(1214-1186)		Kuzi-Teshub di Karkemish	
			(1190 ca.)	
	Sethnakht			
	(1186-1184)			
	Ramesse III	Popoli del Mare		
	(1184-1153)			
			Ini-Tesub II di Karkemish	
			(1100 ca.)	

PARTE PRIMA

IL MIGDOL ASIATICO FRA DEFINIZIONE E CONTESTI ARCHEOLOGICI DI RIFERIMENTO

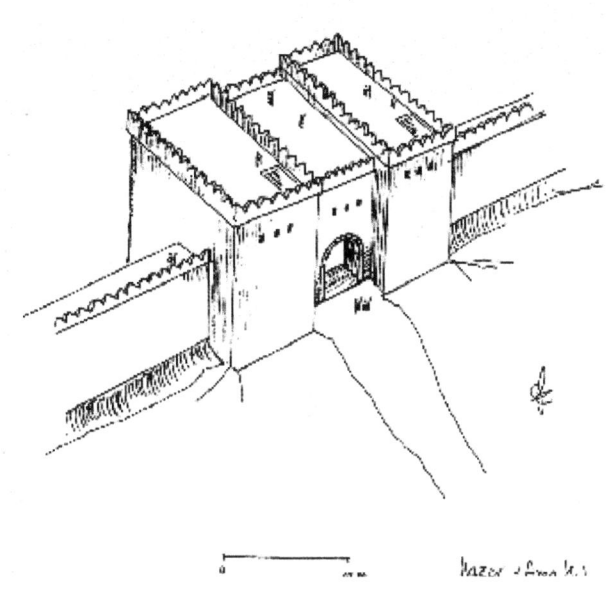

PARTE PRIMA

IL MIGDOL SIRO-PALESTINESE FRA DEFINIZIONE E CONTESTI ARCHEOLOGICI DI RIFERIMENTO

È *communis opinio* fra gli studiosi che alcuni elementi architettonici del tempio funerario di Ramesse III a Medinet Habu risentano di influssi "asiatici". In numerosi autorevoli contributi si descrive spesso il "portale" o "padiglione" ramesside come un puro esempio di architettura difensiva siriana. Questo accade nel momento in cui Hölscher asserisce che "*Der Torbau erinnert in seiner Form an ein syrisches Kastell (Migdol)*"[1].

Predomina quindi l'idea che il Vicino Oriente, e in particolare la Siria, sia il luogo ove per la prima volta sono state formulate e messe a punto tali soluzioni architettoniche. C'è molto di vero in questa visione sebbene sussista, a tutt'oggi, la difficoltà di poter stabilire con esattezza gli elementi che legano il *migdol* egiziano ai suoi "prototipi" asiatici.

Il *migdol* inteso in senso egizio, cioè quale elemento di spicco dell'architettura militare d'età ramesside, affonda le sue radici culturali nell'interesse manifestato dal mondo faraonico per le significative esperienze dell'arte bellica vicinorientale del Medio e Tardo Bronzo.

Già prima dell'avvento della XIX dinastia – che rappresenta in qualche modo la continuità con il fulgido periodo delle conquiste tuthmosidi – tale interesse si era espresso essenzialmente nell'acquisizione e padronanza delle tecniche di combattimento «asiatiche» e dei relativi accorgimenti difensivi, essenziali per la messa a punto di nuove forme di controllo e dominio dei territori conquistati[2].

Proprio il rinnovato interesse da parte dei ramessidi nei confronti delle significative esperienze nell'arte militare tuthmoside funse da stimolo per un massiccio potenziamento dell'apparato militare e per un definitivo «affinamento» di quelle strategie e tattiche ora ritenute essenziali per la supremazia del paese nel panorama politico vicinorientale.

Uno degli aspetti dell'arte militare oggetto di particolare attenzione da parte dei ramessidi è quello dell'architettura: la creazione di poderose fortezze secondo specifici «moduli» dimensionali e funzionali è segno tangibile delle trasformazioni

---

[1] - Nel suo primo contributo su Medinet Habu, Hölscher (1921, 39) asserisce "*Der Torbau erinnert in seiner Form an ein syrisches Kastell (Migdol)*". Questa definizione ha poi condizionato i successivi studi sull'argomento: Hölscher, 1957, 10; Badawy 1968, 473; Lawrence 1965, 90; AA.VV. 1976b; Lambdin 1980.

[2] - Sulle forme del controllo egizio in Asia nel II millennio a.C. vedi: Hasel 1998; Cavillier 2001c; 2002a e 2003 con bibliografia; Morris 2005.

e maturazioni operate nel settore e del nuovo modo di concepire il controllo territoriale. Le fortezze – viste anche nell'ottica della propaganda quale espressione autentica del potere di un faraone che si contrappone alle minacce provenienti dall'esterno – sono idonei strumenti per garantire stabilità ai domini dell'«impero» e, quando necessario, assicurare il buon esito delle incursioni del sovrano.

La particolare attitudine degli strateghi egizi nell'arte della fortificazione non è di certo una novità, data la millenaria tradizione nel settore – basti pensare alle fortezze nubiane del Medio Regno – ma a segnare un netto salto di qualità rispetto alle esperienze precedenti e a marcare in qualche modo l'avvio di una nuova fase dello sviluppo dell'architettura militare del Nuovo Regno fu l'acquisizione di alcuni importanti accorgimenti della cultura del Medio Bronzo siro-palestinese, elementi, questi, accuratamente rielaborati e adattati per fungere da veri e propri «organismi» tattici.

I motivi di tale *modus operandi* sono molteplici e tutti diversi ma, per quanto di nostro specifico interesse, è da sottolineare che il fenomeno di acquisizione e rielaborazione da parte egizia di elementi dell'arte bellica siro-palestinese non è che il risultato di secoli interazione tra l'impero e quelle entità politiche e culturali talvolta affrontate sul campi di battaglia, talvolta sottoposte al suo particolare dominio.

Dominare e combattere questi potenti regni significava per gli Egizi cogliere molti degli aspetti che ne caratterizzavano l'arte militare, individuandone quindi gli elementi peculiari, unificanti e diversificanti di ciascuna cultura al fine di poterne trarre il massimo vantaggio.

In una visione di questo tipo, in cui è arguibile la mole delle informazioni disponibili per gli strateghi ramessidi, tra gli elementi facilmente riconducibili alla specificità ed identità del mondo «asiatico», il *migdol* ricopre un ruolo centrale ed essenziale.

Per comprendere appieno, almeno in via introduttiva, la diversità concettuale che si ravvisa tra i due termini, quello ramesside e quello siriano nonché l'interazione che avviene tra questi due processi pur separati geograficamente e diversi per ambientazione, occorre fare un passo indietro. L'origine del migdol, inteso come "castello di accesso", è legato essenzialmente al MBIIA-B, fase questa, nella quale in tutta la Siria-Palestina si assiste allo sviluppo di modelli urbani a seguito di nuove maturazioni nel campo dell'architettura difensiva e religiosa[3].

Secondo Oren (1998, 253-283) "the clearest manifestation of the higly organized social and political structure of Middle Bronze Age in Canaan is the immense fortification systems, comprising ramparts, moats, glacis, city walls and city gates". A tutto questo si aggiunge la riformulazione e l'ampliamento della "dimore del potere" ora vere e proprie residenze-fortezze la cui architettura sembra in gran parte rifarsi ai vasti complessi palatini siriani di Alalakh, Mari ed Ebla. Questo fenomeno testimonia dunque la potenza sociale, politica ed economica di alcuni

---

[3] - Na'aman 1982; Finkelstein 1992; Bunimovitz 1992; Matthiae 1998a.

regni canaanei, fra i quali Sharuhen appare uno dei più importanti. Sharuhen ha i suoi capisaldi nei siti di Tell el-Far'ah (S), Tell el-Ajjul, Tell Jemmeh, Tell Sera', Gaza, Tell Nagila e Tell Haror solo per citare i maggiori (Oren 1998, 257).

I segnali più evidenti del «nuovo» modo di concepire difesa e sicurezza in Palestina si manifestano soprattutto nei vasti insediamenti «cintati» attraverso l'uso di particolari accorgimenti, quali gli accessi a duplice e triplice tenaglia ("a due e tre pilastri" o "a quattro e sei vani"), i bastioni e le torri distribuite lungo tutto il circuito murario e i terrapieni e i fossati posizionati all'esterno del perimetro urbano, nonché attraverso il potenziamento delle "cittadelle", veri e propri fortilizi indipendenti al cui interno si installa l'autorità politica e religiosa locale[4].

Il potenziamento delle strutture di difesa delle grandi città mira essenzialmente a proteggere quegli elementi sui quali ruota l'intera sopravvivenza dell'insediamento e, fra questi, uno dei più importanti sono gli accessi, luoghi ove col passare dei secoli confluiscono soluzioni architettoniche sempre più complesse al fine di vanificare eventuali attacchi ed assedi.

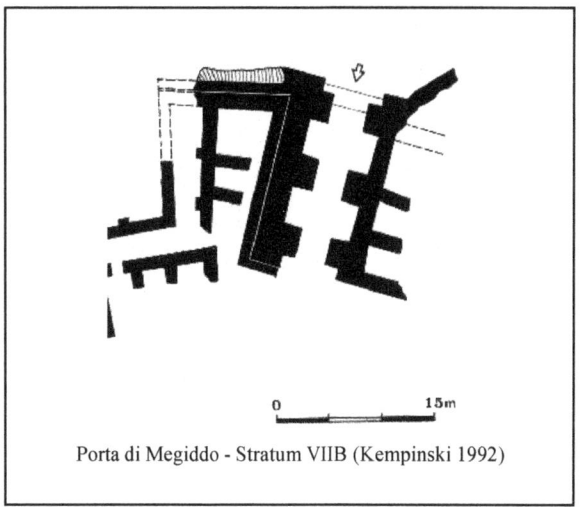
Porta di Megiddo - Stratum VIIB (Kempinski 1992)

Su quest'asse di sviluppo, similmente alle strutture fortificate erette a difesa della porta, si situano le cittadelle, i punti direzionali costituiscono gli efficaci veicoli di diffusione di nuovi impulsi tattici soprattutto in un periodo particolarmente fecondo di eventi bellici come quello compreso tra il MBII e gli inizi del LB; il migdol, inteso come "castello" o "struttura turrita d'accesso" costituisce forse uno dei primi significati architettonici del termine.

La definizione di cui sopra esige tuttavia una adeguata «contestualizzazione» del migdol asiatico; così, nel momento in cui Wright asserisce che la tipologia di accesso "a Migdol" del LB-IA segue "the scheme of a high strong building with a towered façade", lo studioso deve fare i conti con la preesistente realtà architettonica del Medio Bronzo siro-palestinese[5]. Wright deve allora completare la

---

[4] - È un fenomeno che culmina nel MBIIC allorquando le "dimore del potere" tendono a posizionarsi nei pressi della porta principale della città e in stretta comunicazione con il "castello d'accesso". Tracce significative di tale processo sono riscontrabili a Megiddo (Strata XII-XI e X), Tell el-'Ajjul (Palazzo I), Tell Aphek (Area A), Tell Sera' (Stratum XII), Shechem (Tell el-Balata - Area IV), Hazor (Strata XVII-XVI - Area A), Tell Kabri (Area D) e Lachish (Stratum VIII): Wright 1985; Oren 1992; 1998; Kempinski 1992; Herzog 1997a, 1997b.

[5] - Attualmente esistono tre principali correnti di pensiero sull'origine degli accessi fortificati del MB siro-palestinese: la prima è sostenuta da Kaplan (1971; 1975) che propende per un origine mesopotamica della "porta a tre contrafforti" sulla

sua definizione asserendo che questo accesso "is itself the image of a fortress tower and therefore this charateristic MB gatehouse may called Migdol Gate"[6]. In tale contesto, il *syrisches Kastell* del LBIIB-IA si configura tatticamente come una vera e propria "fortezza" che sfrutta le potenzialità dei due più comuni tipi di accessi siriani del II millennio: quello *a due pilastri* (edificio a due *alae*, al cui interno si sviluppava un corridoio di transito intervallato da due contrafforti)[7] e quello *a tre pilastri* (edificio a due *alae*, al cui interno si sviluppava un corridoio di transito intervallato da tre contrafforti)[8]. L'evoluzione delle soluzioni progettuali, in quest'ultimo caso, porta ad un ulteriore sviluppo dell'accesso che ora si avvale di due imponenti massicci o torrioni a sviluppo interno che il Naumann definisce "die Tore mit tiefen Türmen und einer Torkammer zwischen den Türmen"[9]. Questa constatazione permette poi a Herzog di asserire che:

"a unique type of gate was developed in MBII period apparently initiated at cities demarcated by earthen ramparts. In these fortified cities, the ruling class needed strongholds to protect them both from outside enemies and inside rebels. Such double protection was accomplished by

---

base della somiglianza fra l'ingresso del «Nannur» della III dinastia di Ur, la porta NW di Shechem e quella NE di Hazor (Stratum III). Questa ipotesi sembra convincere Kempinski sulla rispondenza delle porte palestinesi con quella di Tell Taya di età accadica (Stratum VIII: Kempinski 1992; Reade 1968). La seconda è quella sostenuta da Yadin (1963, 63) che propende per un origine anatolica della porta siriana sulla base della similitudine fra queste e quelle "a megaron" attestate nel livello IIC di Troia (Naumann 1971, 271-73; Herzog 1976a, Cap.2). L'idea di un influenza anatolico-ittita sui modelli siriani è stata avvalorata da Naumann nel suo studio sulle porte di Boğazköy (1971, figg.363-364-369-374-379), di Alishar e di Alaca Hüyük (1971, fig.406). La terza ipotesi, forse la più accettata dagli studiosi, è quella che vede nella "porta a tre contrafforti" un tipico modello del Medio Bronzo siriano, data la presenza di questi accessi nella fase MBI dei siti di Tell Tuqan e di Tell Mardikh. Questa convinzione viene ulteriormente a rafforzarsi nel momento in cui la porta NE di Aslantepe-Malatya (Stratum Vb), realizzata su di un modello ittita, presenta degli elementi strutturali di chiara influenza siriana: Matthiae 1982, 48; Palmieri 1978, 345, fig.18. Sulla questione: Matthiae 1976; Gregori 1986.

[6] - Wright 1985,194, fig. 94.3 e 10. Secondo Zertal (1995, 267) "The use of the term *migdal* to designate a fortified citadel may predate the more specific reference to the city's fortification towers".

[7] - Naumann 1971, 302. Troviamo questi esempi a Boğazköy (porta cittadina, porta della cittadella e porta del re), Zincirli (porta occidentale, porta del muro trasversale e porta della cittadella), Karatepe (porta settentrionale), Alaca (porta della sfinge), Alişar (porta meridionale), Tell Mardikh (porta sud-ovest), Tell Beit Mirsim (stratum F), Ashdod, Tell el-Far'ah Nord, Shechem (porta est) e Tell Akko. L'aggiunta di un pilastro più esterno a Tell Akko nel MBII ha convinto Kempinski (1992, 134) che "the development probably resulted from the desire to update the plan of the small local gate according to the model of contemporary Syrian gate". Sulla questione dei bastioni delle principali porte di Hattusa: Naumann 1971, 302; Gregori 1986, 97; Neve 2001.

[8] - Naumann 1971, 302. Troviamo questi esempi ad Arslantepe (porta della cittadella), Tell Halaf (porta meridionale e porta dello scorpione), Qatna (porta occidentale) Karkemish (porta meridionale), Tell Mumbaqat (porta nord-orientale) Tel Dan e Megiddo (stratum VIII-VIIB), Beth Shan (stratum IX) solo per citarne i principali.

[9] - Questa «stereotipizzazione» architettonica, si impone solo ai fini di una maggiore comprensione del fenomeno e non intende certo affermare alcuna «superiorità funzionale» del secondo modello sul primo, visto che entrambi continueranno a sopravvivere in modo distinto: Naumann 1971, 302; Wright 1985, 499. Secondo Matthiae il più antico modello di accesso a tre contrafforti è quello che sfrutta torrioni "pieni" come si vede ad Hazor (porta NE), a Gezer (porta S) e a Qatna (porta E), mentre ad una fase intermedia sono collocabili quegli accessi aventi uno dei due torrioni con vani interni e alla fase più tarda appartengono quegli accessi aventi entrambi i torrioni con vani interni: Matthiae 1982, 330.

erecting city gate as separate forts. These forts consisted of two huge towers with internal rooms and gateway narrowed by three pair of pilasters. When the doors of these gates were closed the structures were transformed into indipendent strongholds in which members of the ruling class could find shelter in an emercency"[10].

Tale soluzione è presente, in modo più o meno similare[11], in alcuni siti siriani come Alalakh (Porta NE - Stratum VII, fig.I.1.1; fig.I.5a-b)[12], Karkemish ("Water Gate", fig.I.1.2; figg.I.2-I.3)[13], Qatna (Porta E e porta W, fig.I.1.3-4)[14], Tell Tuqan (Porta SE e NE, fig.I.1.5-6)[15] e Tell Mardikh (Porta SW, fig.I.1.7)[16]. In Palestina, l'accesso a tre contrafforti siriano[17] è attestato a Yavneh-Yam (Porta E – Stratum III, fig.I.1.8)[18], Beth Shemesh (Porta Sud, fig.I.1.9)[19], Gezer (Porta Sud, fig.I.1.10)[20], Megiddo (Porta N - Stratum VIII, fig.I.1.11; fig.I.8a-b)[21], Tell Far'ah Sud (Porta Sud, fig.I.1.12)[22], Hazor (Porta NE Area K - Strata IV-III, fig.I.1.13; figg.I.6a-b e 7a-b)[23] e Shechem (Porta NW, fig.I.1.14)[24].

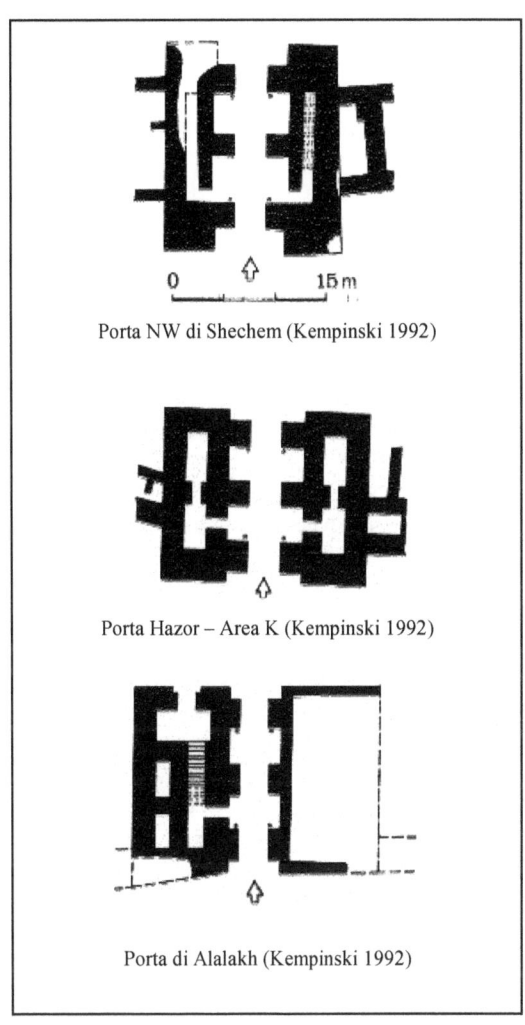

Porta NW di Shechem (Kempinski 1992)

Porta Hazor – Area K (Kempinski 1992)

Porta di Alalakh (Kempinski 1992)

---

[10] - Herzog 1997a.

[11] - L'incertezza deriva dal fatto che alcuni di questi siti (Gezer porta meridionale: Kempinski 1992, 133, fig.13, Qatna porta orientale: Naumann 1971, 287, fig.381 e Tell Mardikh: Matthiae 1992, 141-146, fig.28) non ha restituito l'alzato, anche se i massicci in muratura piena devono aver sostenuto dei piani e vani soprastanti come giustamente sostenuto da Gregori (1986, 85).

[12] - Naumann 1971, 287, fig.380; Woolley 1955, 145-ss; Herzog 1976a, cap.3, fig.44 e 1976b; Gates 1981; Stein 1997.

[13] - Naumann 1971, 289, fig.383, 294, figg. 391-92; 301, fig.406; Woolley 1921, 55, Pl.16; Herzog 1976a, fig.49; Hawkins 1997.

[14] - Du Mesnil 1927, 12, fig.1-1bis; 1928, 283, fig.2-3, Pl.IX; 1935, Cap.II, Pl.VIII; Herzog 1976a, fig.53.

[15] - Matthiae 1983, figg.4 e 10.

[16] - Matthiae 1992, 141-146, fig.28; 1997.

[17] - Definizione basata sul fatto che in Siria questo tipo di accessi fortificati si riscontrano già nel MBI mentre in Palestina appaiono nel MBIIB e MBIIC: Matthiae 1982, 330.

[18] - Herzog 1976a, fig.50.

[19] - Naumann 1971, 287, fig.382; Kempinski 1992, 135; Herzog 1976a, 48.

[20] - Herzog 1976a, fig.55.

[21] - Herzog 1976a, fig.57.

[22] - Herzog 1976a, fig.51.

[23] - Naumann 1971, 287, fig.382; Yadin e altri 1989, fig.95/6; Ussishkin 1990; Kempinski 1992, 135-36, fig.21; Herzog 1976a, fig.54; Herzog 1997b, 169-70.

[24] - Wright 1985, 499; Herzog 1976a, 47; Bunimovitz 1992.

Nel momento in cui nel IA, secondo Herzog si tende a sfruttare maggiormente le potenzialità delle torri d'accesso e dei vani interni compresi fra i contrafforti[25], tutti gli elementi costitutivi del migdol sono fissati. Quello che ancora non è chiaro è se il *syrisches Kastell* di Medinet Habu tragga ispirazione dai modelli del MB o piuttosto da quelli della prima Età del Ferro, nella considerazione che l'operato di Ramesse III si situa fra il LBIIB e il IA[26]. Infatti, se la tipologia di accessi finora considerati ci fornisce un quadro selezionato e piuttosto unitario di quella che era la concezione architettonica della "porta a tre contrafforti" nel MB siro-palestinese[27], assai più difficili sono le condizioni per lo studio delle stesse realtà proprio nel periodo di nostro interesse. In siti come Tell Mardikh[28], Qatna[29], Alalakh[30], Yavneh Yam[31], Tel Dan[32] e Beth Shemesh[33] queste strutture non risultano più in uso a seguito di violente distruzioni o abbandoni, mentre in quelli di Gezer[34] e di Tell Far'ah Sud[35] si sfruttano ancora le strutture preesistenti ma con diversa funzione. Quei siti palestinesi ove è invece attestato un utilizzo piuttosto continuo di questo modello sono Hazor[36], Shechem[37], Megiddo[38] e Beth-Shan[39], mentre in Siria sembra

---

[25] - Questa è la principale motivazione secondo Herzog (1976b, 323) che permetterà alle "porte salomoniche" di sfruttare i vani interni dei torrioni al fine di permettere un maggior sviluppo delle attività socio-economiche connesse agli accessi delle città. Secondo Wright (1985, 494) il modello di *porta a tre contrafforti* siriano del MB è il fondamentale punto di partenza per il successivo sviluppo del migdol palestinese, sebbene, a differenza del modello originario, quest'ultimo diverrà un "simbolo" architettonico del periodo salomonico con funzione di agorà, luogo rituale di passaggio e di interscambio culturale. Tale ipotesi trova conferma nel fatto che le porte palestinesi del IAII venivano chiuse dall'interno della città e non dall'interno del migdol, diversamente da quanto attestato nelle epoche precedenti: Wright 1985, 194-8; Herzog 1976b, 197, 325; Speiser 1956, 20-23; Bunimovitz 1995.

[26] - Hölscher (1921, 39; 1957, 10 nota 30) fa riferimento alle porte di Zinçirli quale esempio di migdol siriano, sebbene abbiamo a che fare con strutture databili a partire dal X sec.a.C: Naumann 1971, 290, figg.384-86, 292, figg.387-89, 301, fig.406; Kempinski e Avi-Yonah 1978.

[27] - Secondo Matthiae (1992, 224) "in tutte le porte paleosiriane, non solo lo schema della pianta, ma anche le dimensioni generali del complesso delle strutture e i rapporti proporzionali tra i corpi di fabbrica presentano corrispondenze molto precise nei singoli centri. Si tratta cioè di una precisa tipologia fissa e canonizzata in tutti i suoi elementi, nella quale si dovevano seguire norme rigide di esecuzione, certamente connesse ad esigenze strategiche". Questa definizione trova rispondenza con quella formulata da Kempinski (1992, 135): "The almost total similarity between the gates in Palestine and Syria indicates that they are part of uniform type of fortification".

[28] - Matthiae 1992, 134-35; 1997, 183.

[29] - Liverani 1991, 562; Assaf 1997, 35-36.

[30] - Liverani 1991, 637; Gates 1981; Stein 1997, 57 (liv.III-I).

[31] - Kaplan 1993, 1504-6.

[32] - Qui citata per completezza: Biran 1980; 1984; 1993.

[33] - Bunimovitz e Lederman 1993.

[34] - Dever 1993; 1997.

[35] - Yisraeli 1993.

[36] - Yadin e altri 1989, 286-292, Pl.XLV. Qualche dubbio sulla cronologia degli strata XII-XI è stato sollevato di recente da Finkelstein (2000).

[37] - Con qualche approssimazione dato che, a differenza della Porta NW del MBIIC (stratum XVI), quella E viene livellata nello stratum XII (LBIIB) per far posto ad un bastione sul lato SE. Nel IA viene costruita una nuova porta orientale riutilizzando le fortificazioni del MBII: Magen 1993.

[38] - Strata VIIB-VIIA databili al LBIIB che trovano interessanti parallelismi con gli strata IX-VII di Beth-Shan: Kempinski 1992, 138-40.

[39] - A.Mazar 1993; 1997.

sopravvivere, per ovvie ragioni di natura politica e culturale[40], ad Alalakh[41] e a Karkemish[42].

Occorre quindi farci un'idea sulla funzionalità e sulle caratteristiche strutturali di quei migdol così sapientemente osservati e descritti dagli egiziani; dai dati in nostro possesso, il quadro ricostruttivo che se ne ricava non falsa di molto la loro visione sulla realtà osservata: la maggior parte di queste strutture dovevano apparire ai loro occhi come imponenti fortezze con accessi a "duplice torre". Sotto il profilo tattico, la principale funzione di queste strutture non era quella di opporsi al nemico, bensì quella di scoraggiare qualsiasi tentativo di penetrazione al suo interno.

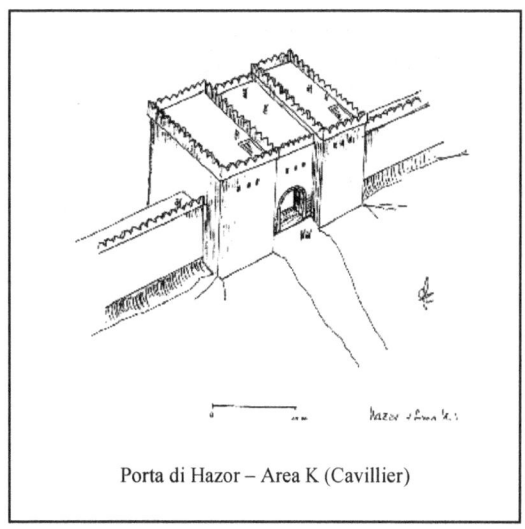

Porta di Hazor – Area K (Cavillier)

Questo perché, mediante un accurato sistema di accessi, di camminamenti e di vani, il migdol era, di fatto, un'unità indipendente dal resto dell'insediamento. Così, una volta superato il primo accesso del migdol, l'attaccante rischiava di finire intrappolato nel suo stretto e lungo corridoio per poi essere sopraffatto. Nel caso che gli assedianti fossero penetrati in città mediante brecce praticate in diversi punti della cinta, il migdol diveniva l'idoneo luogo di raccolta e rifugio dei difensori. Sotto il profilo strutturale, in linea generale, si tratta di un complesso dotato di un accesso più ampio rispetto alla sua lunghezza, in un rapporto medio di uno a due. Lo spessore del migdol è ricavato dalle tre parti costituenti il vano d'accesso, che risultano perfettamente uguali in spessore.

Come ha osservato giustamente Wright[43], una simile precisione si traduce su di una maggiore ampiezza del passaggio centrale, dei pilastri fiancheggianti e della cortina muraria di entrambi i lati che necessariamente finiscono per

---

[40] - Il contesto difensivo siro-palestinese, a differenza di quello ittita ed egiziano, è condizionato dal sostrato urbano su cui gravitano quei meccanismi socio-economici essenziali per sua stessa sopravvivenza: Liverani 1991, cap.22; Gregori 1986, 97. In generale sulla Siria: Buccellati 1997; Assaf 1997.

[41] - Strata III – I: Stein 1997, 57.

[42] - Woolley 1921, 51, 104, fig. 41a. Questo sito, data la sua posizione geografica, resta infatti al di fuori dei violenti sconvolgimenti che turbano l'assetto della Siria nord-occidentale e dell'Anatolia intorno al 1200 a.C: Liverani 1991, 740. E anche quando sia assiste alla fioritura dei centri neo-ittiti (1000-850 a.C.) le mutazioni di natura culturale non sembrano così innovative visto che tendono a valorizzare le esperienze precedenti: "Das große hethitische Zentrum im Karkemish am Euphrat am östilichen Rand Syrien erholte sich schnell. Eine lokale Dinastie kom an die Macht und Setze die hetitisch-luwische Kulturtradition in Nord Syrien fort. Es handelt sich um Ortostaten und Statuen meist um Löwenpaare, die Torwege und Eingänge flankieren. Ihr Stil ist dem stil hethitischen kunst in Anatolien und Nordsyrien in der Spaätbronzenzeit sehr ähulich. Dieser wiederwachen hetitischen-luwischer Elemente ist auch an der Nordgrenze Syriens in Sendshirli spürbar, wo Teile der früchen Architektur in diese zeit gehören": Frankfort 1954, 163-66; Kempinski e Avi-Yonah 1978, cap.III; Liverani 1991, capitoli 25 e 26.

[43] - Wright 1985, 195.

sovrastare lo stesso passaggio. Questa constatazione ha sollevato non pochi problemi di natura strutturale dato che se il migdol era dotato di piani sovrastanti il passaggio al livello del punto più alto della cinta muraria, questo veniva a trovarsi in posizione piuttosto elevata rispetto alla stesso circuito difensivo[44]. È chiaro che una struttura realizzata in mattoni crudi, terra battuta e, soprattutto, pietra deve necessariamente poter scaricare i pesi sul terreno in modo uniforme e graduale in modo da poter limitare i punti di collasso sul resto della struttura[45].

Se dunque ragioniamo sulla tipologia del migdol siro-palestinese ci accorgiamo immediatamente che esiste una certa proporzione di circa 6:5 o 5:4 tra ampiezza del passaggio interno della struttura e quella dei massicci. In questo modo, laddove i massicci risultano eguali all'ampiezza del passaggio, gli stessi sono più ampi di circa ¾ della larghezza della porta e maggiori di circa ½ della sua profondità.

I contrafforti posizionati lungo il passaggio interno erano perciò in grado di reggere l'intera struttura e di sostenere anche quel sistema di scale ricavate nella muratura interna dei massicci che permetteva alle sentinelle di accedere alle strutture e camminamenti soprastanti. Vi sono, inoltre, altri elementi che giocano un ruolo estremamente importante nell'intera funzionalità della struttura: gli accessi ai vani interni dei massicci. Questi elementi ricorrono spesso in migdol piuttosto ampi e la loro realizzazione all'interno della struttura permetteva di dare un senso di uniformità al passaggio interno, di ricavare vani col concorso dei pilastri ivi presenti e di magari di proteggere l'accesso ai vani superiori.

Sul problema dell'alzato è stato ipotizzato sia l'utilizzo del mattone crudo e delle travature di legno, sia delle volte a botte sostenute da archi a conci radiali[46], data la forte resistenza di questi due materiali alla pressione e alle vibrazioni causate dal movimento delle sentinelle[47]. Tuttavia, è evidente che se una struttura muraria spessa circa 3.5 – 4 m realizzata in mattoni d'argilla con travature in legno (non tenendo conto, per motivi di semplicità, della resistività dell'argilla alla compressione e della percentuale di umidità presente nell'aria) non può elevarsi per più di 2 volte e ½ il suo spessore, ai fini di una adeguata stabilità, il massimo sforzo doveva essere concentrato sulle massicce strutture portanti, in grado di aumentare il coefficiente di stabilità sino ad 3-4 volte lo spessore della muratura di

---

[44] - Secondo i calcoli di Wright in una cinta muraria alta circa 8 m doveva necessariamente trovar posto un migdol alto più di 10 m, dato che il primo livello sopraelevato della struttura doveva trovarsi in linea col punto di passaggio più elevato del camminamento delle mura. Ne consegue, che in caso di migdol dotato di più livelli, abbiamo a che fare con una struttura alta più di 14-15 m.

[45] - I contrafforti non dovevano soltanto sostenere e distribuire meglio i carichi ma, soprattutto, agevolare il lavoro dello zoccolo dell'intera struttura e degli ortostati: Gregori, 1986, 91-92, nota 34; Naumann 1971, 75-86, 93-94, 111-114.

[46] - Questa tipologia di strutture risulta ampiamente utilizzata in tutti gli accessi del MB: Gregori 1986, 92-93; *RLA* III, 325; Heinrich 1997.

[47] - Gregori 1986, 91-93; Reich 1992.

fondazione.

Questo guadagno statico si deve anche all'apporto stabilizzante delle fondazioni in pietra spesso realizzate da pesanti blocchi di forma varia su cui giace uno strato di ciottolame minuto[48] su cui innestare la muratura in mattoni in grado di fornire una risposta «elastica» all'effetto-peso proveniente dall'alto[49].

Analoghe considerazioni devono poi effettuarsi nei confronti delle coperture. Reich ha calcolato che per la copertura (tetto) di un vano di 2-2.5 x 2-2.5 m è necessario almeno uno strato di 8-12 cm, mentre per coprire un vano di 4-6 m x 4-6 m lo spessore dello strato deve essere aumentato di circa 4 volte per uno spessore totale di circa 25-30 cm[50]. Questa è anche la motivazione che induce i progettisti siro-palestinesi ad utilizzare i contrafforti e le volte a botte per dimezzare le dimensioni delle travature e limitare lo spessore delle pavimentazioni e delle coperture.

Al di là di sottili differenze che intercorrono fra i vari complessi, l'elemento unificante è un'ingegnosa disposizione planimetrica che, nel suo insieme, è in grado di assicurare ampi spazi per il regolare movimento e posizionamento delle sentinelle e un'efficace comunicabilità con i camminamenti e i vani presenti all'interno del circuito murario.

L'elemento diversificante, in una visione "globale" dei migdol da parte egiziana, è il loro posizionamento all'interno degli insediamenti (cittadella e accessi), spesso assecondato anche alle caratteristiche delle cinte murarie ed altre strutture difensive presenti come le torri lungo il circuito, gli accessi di tipo semplice (privi di difese), i camminamenti, e i fossati. Ciò nonostante, la presenza dei migdol, non può che essere ravvisata nei vasti insediamenti dotati di strutture difensive più articolate. Per farci un idea di questa diversificazione planimetrica e funzionale dei complessi asiatici che gli Egiziani hanno osservato ed accuratamente riprodotto, basti mettere a confronto il rilievo che rappresenta la canaanea Ascalona con quello che raffigura la siriana Dapur.

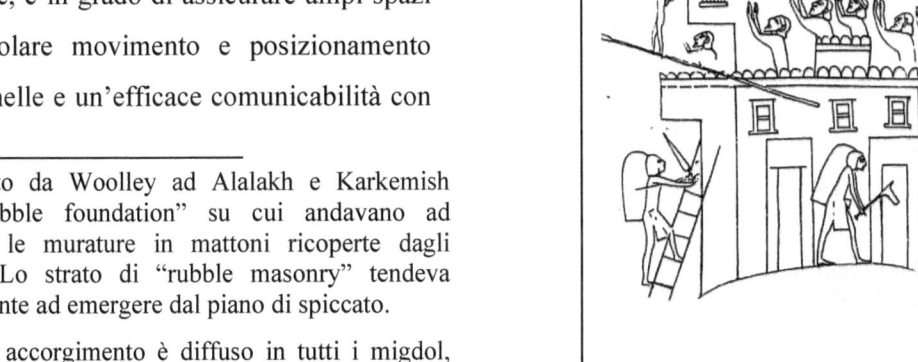

Ascalona nei rilievi ramessidi

---

[48] - Definito da Woolley ad Alalakh e Karkemish "stone rubble foundation" su cui andavano ad innestarsi le murature in mattoni ricoperte dagli ortostati. Lo strato di "rubble masonry" tendeva generalmente ad emergere dal piano di spiccato.

[49] - Questo accorgimento è diffuso in tutti i migdol, sebbene in Siria (Alalakh) al di sopra e al di sotto degli ortostati si inseriscono delle travi lignee per meglio bilanciare lo sforzo di questi pesanti blocchi: Woolley 1955, 146.

[50] - Reich 1992

Dapur nei rilievi ramessidi

Nella prima abbiamo a che fare con un insediamento con doppia cinta muraria con due accessi di tipo semplice probabilmente non fiancheggiati da strutture turrite, mentre nella seconda si intravede agevolmente l'accesso fiancheggiato e difeso da due torri, con tutta probabilità un migdol. È ovvio che tali realtà, pur con le dovute cautele sotto il profilo della sintetica rappresentazione fornita dagli artisti egizi, lascia tuttavia intravedere delle diversità strutturali e funzionali alla base della definizione di migdol.

Diverso è il discorso sulla realtà simbolica e figurativa degli accessi monumentali di questi complessi, la cui articolazione e disposizione non sembrano esser state motivo di acquisizione e di rielaborazione da parte egiziana. A differenza dei centri canaanei, quelli siriani come Karchemish, Alalakh e Qatna, sotto il dominio e l'influsso culturale ittita, è da ipotizzare che tali strutture fossero ricoperte di ortostati scolpiti e di immagini di divinità e di sovrani. Come già accennato in precedenza, la valenza politica, propagandistica e religiosa di tali accorgimenti (sia figurativi che strutturali) ebbe straordinaria continuità durante lo sviluppo della cultura dei centri neo-ittiti e aramaici in Siria, come, ad esempio è visibile nei siti di Zinçirli e di Tell Halaf (fig.II.9a-b).

Cittadella di Zinçirli (Liverani 1991)

Ortostati dell'accesso di Zinçirli (Liverani 1991)

Palazzo-tempio di Tell Halaf (Liverani 1991)

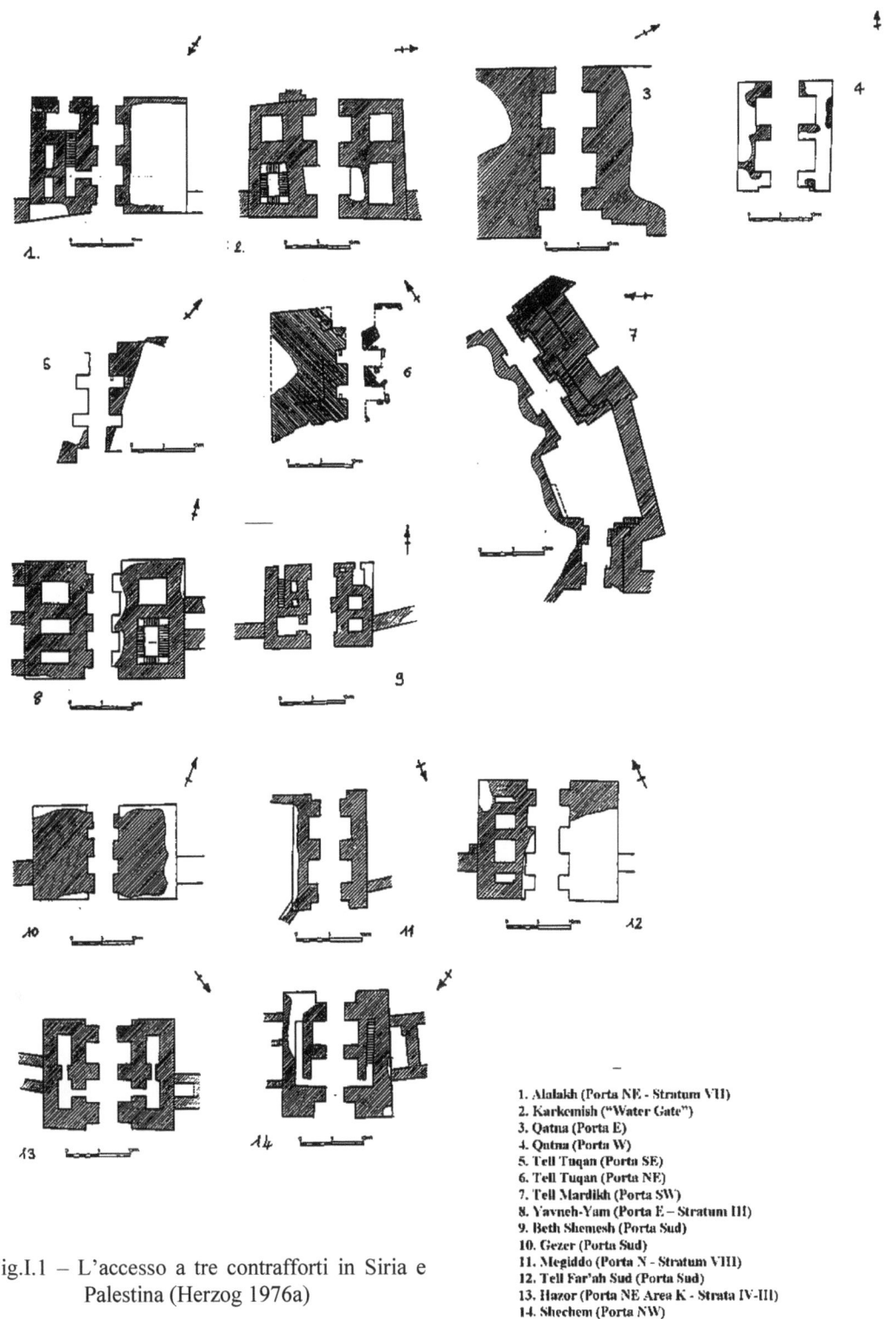

Fig.I.1 – L'accesso a tre contrafforti in Siria e Palestina (Herzog 1976a)

1. Alalakh (Porta NE - Stratum VII)
2. Karkemish ("Water Gate")
3. Qatna (Porta E)
4. Qatna (Porta W)
5. Tell Tuqan (Porta SE)
6. Tell Tuqan (Porta NE)
7. Tell Mardikh (Porta SW)
8. Yavneh-Yam (Porta E – Stratum III)
9. Beth Shemesh (Porta Sud)
10. Gezer (Porta Sud)
11. Megiddo (Porta N - Stratum VIII)
12. Tell Far'ah Sud (Porta Sud)
13. Hazor (Porta NE Area K - Strata IV-III)
14. Shechem (Porta NW)

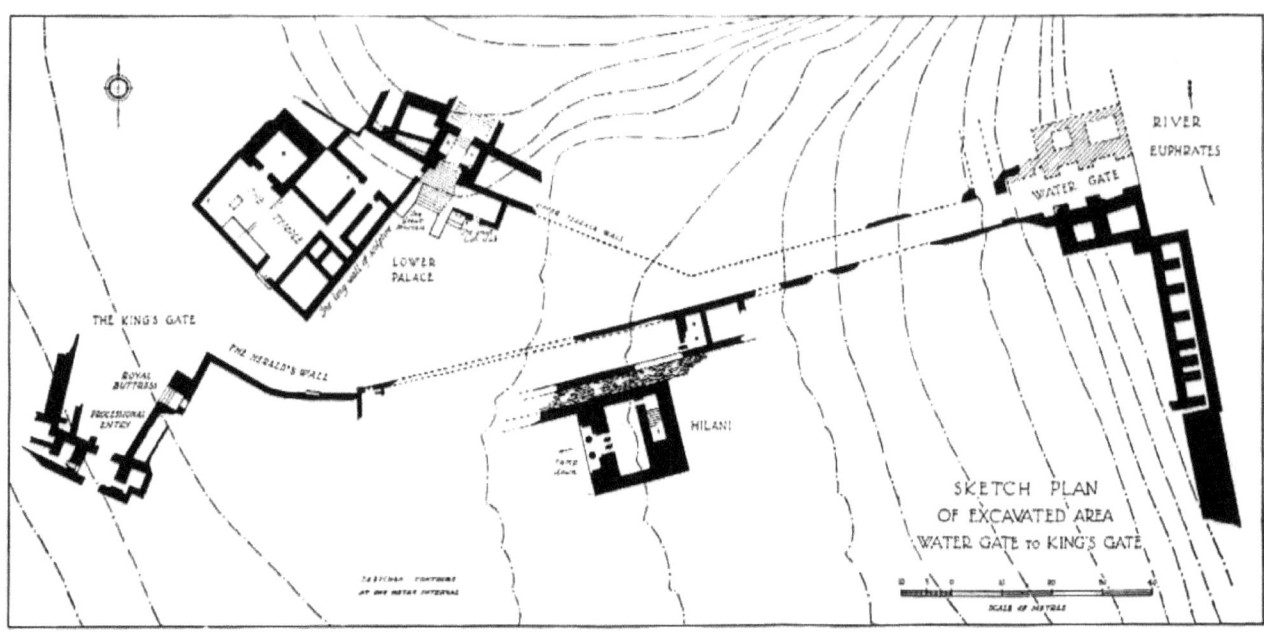

a. Sketch plan showing the connexion between the Water Gate and the Herald's Wall

Fig.I.2 – Il Pianta del sito di Karkemish (da http://www.specialtyinterests.net)

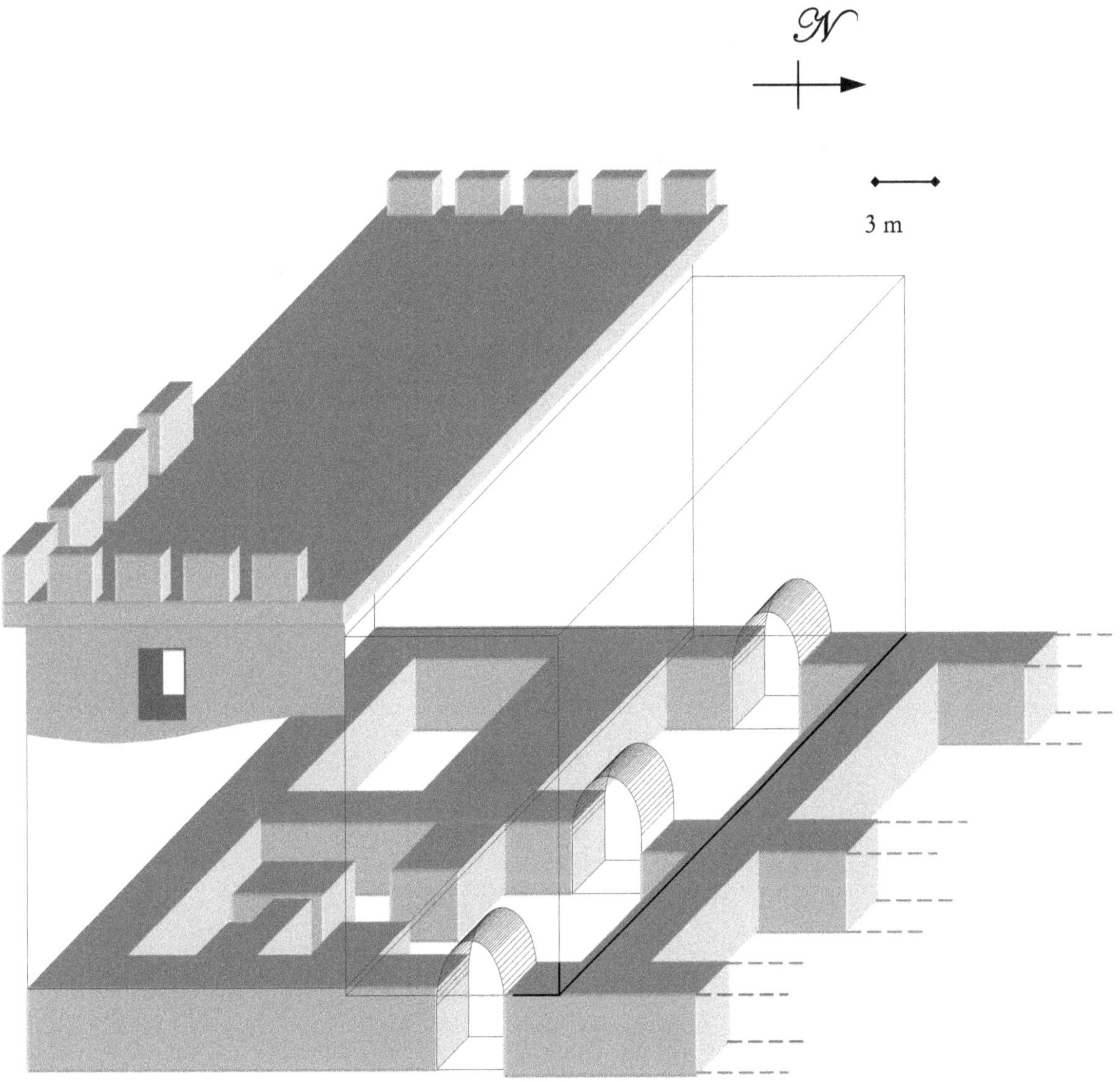

Fig.I.3 – Esempio di accesso a "tre pilastri" del MB-LB: *Karkemish "Water Gate"*

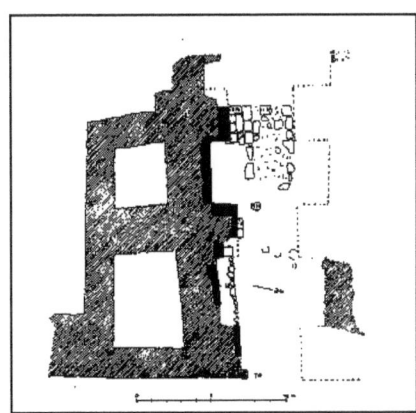

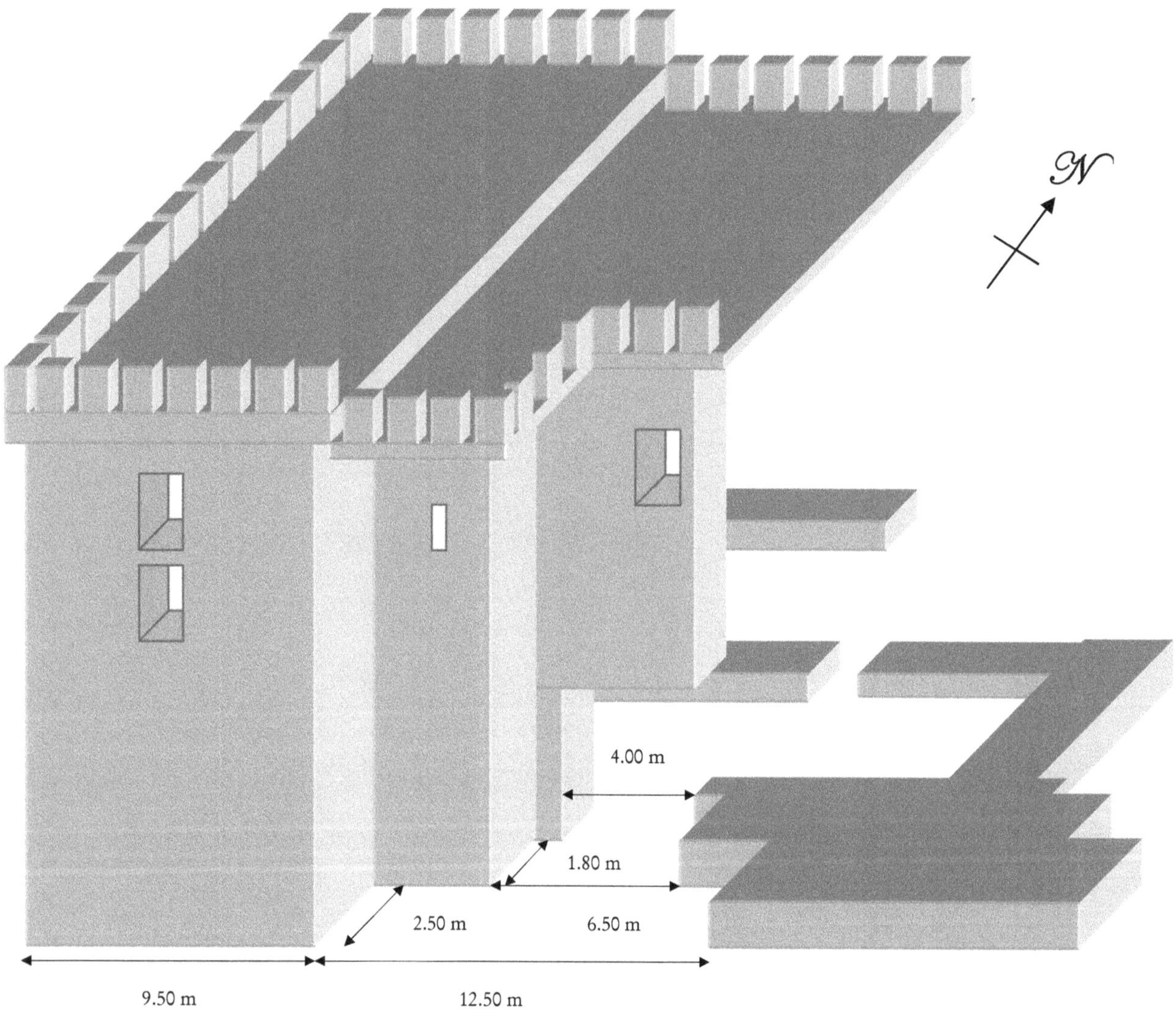

Fig.I.4 – Effetto prospettico delle false torri della *"Porta Sud"* del MB-LB di *Karkemish*

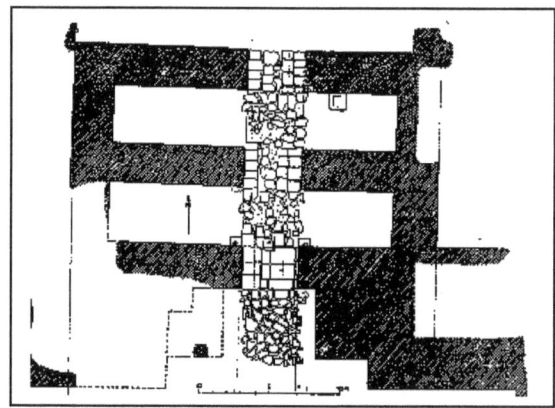

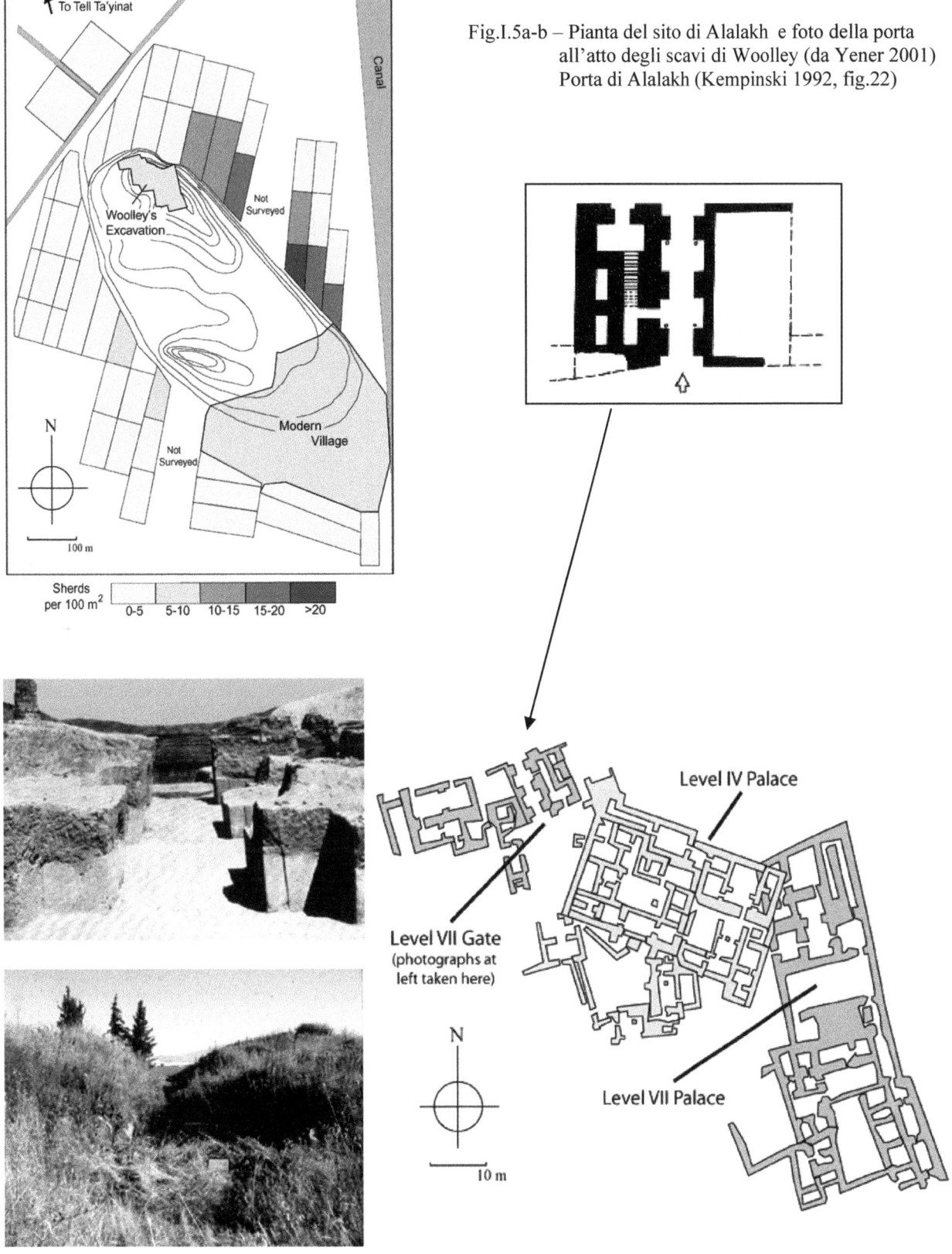

Fig.I.5a-b – Pianta del sito di Alalakh e foto della porta all'atto degli scavi di Woolley (da Yener 2001) Porta di Alalakh (Kempinski 1992, fig.22)

Fig.II.6a-b – Foto della porta NE di Hazor (dal sito www.Biblewalks.com)

Fig.II.7a-b – Foto dell'interno della porta NE di Hazor (dal sito www.Biblewalks.com)

Fig.II.8a-b – Foto della porta N di Megiddo (dal sito www.Biblewalks.com)

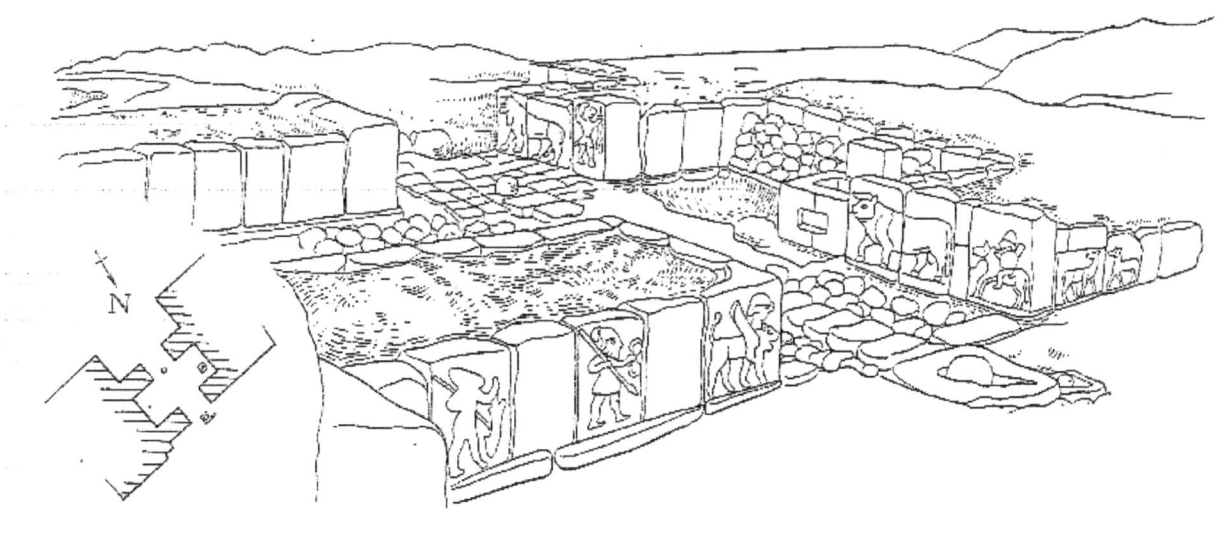

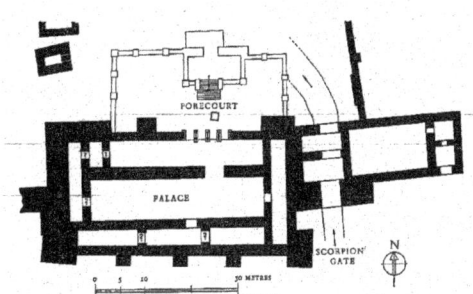

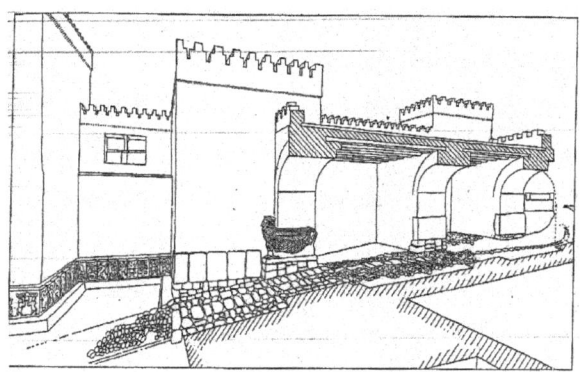

Fig.II.9a-b – Ortostati scolpiti degli accessi di: a) - Zinçirli (cittadella);
b) - Tell Halaf (Porta dello Scorpione - Frankfort 1954)

PARTE SECONDA

IL MIGDOL IN EGITTO

PARTE SECONDA

IL MIGDOL IN EGITTO

L'affermazione del concetto di migdol in Egitto in epoca ramesside si configura come un impresa senza precedenti proprio perché deve fare i conti con una tradizione millenaria nell'arte delle fortificazione[1]. Ramesse III coglie dunque i frutti di questa "conquista" ma non senza avvalersi del portato delle esperienze pregresse. A voler esser coerenti, per completezza di trattazione, corre evidenziare che questo temine semitico sembra aver avuto molteplici significati e valenze nell'arte militare egizia del Nuovo Regno, fra i quali spiccano quello di toponimo di *insediamento* e quello di *fortilizio indipendente*.

Nel primo caso, abbiamo a che fare con insediamenti la cui denominazione deriva probabilmente alla presenza al loro interno di particolari strutture cultuali (dette Migdol) aventi l'accesso fiancheggiato da due pilastri o "torri" o di quelle strutture di accesso tipiche della fase finale del Medio Bronzo palestinese evidenziate nella prima parte.

In entrambi i casi, è la presenza delle torri d'accesso che sembra aver condizionato in taluni casi la toponomastica, dacché uno dei significati più stringenti del termine semitico è proprio quello di "torre".

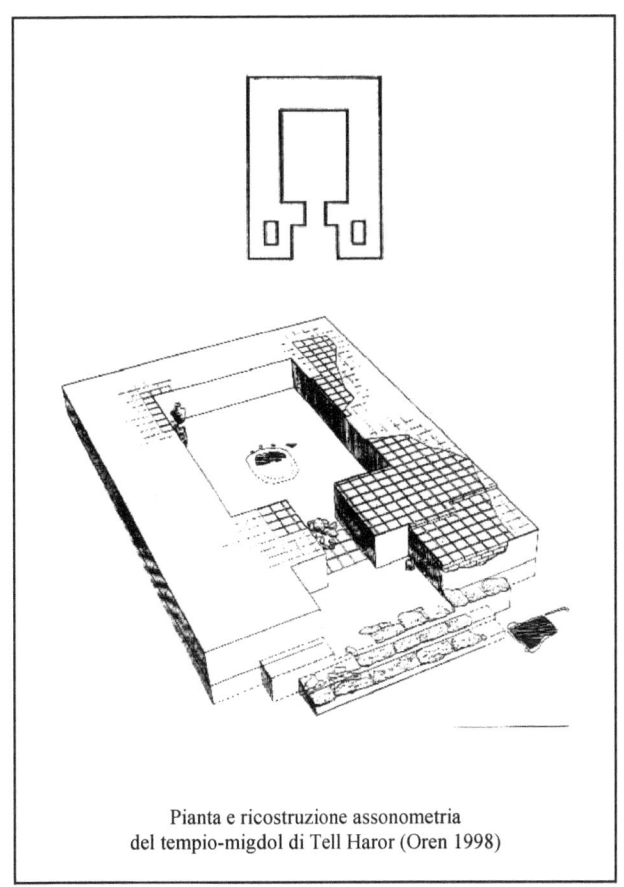

Pianta e ricostruzione assonometria del tempio-migdol di Tell Haror (Oren 1998)

La prima menzione del toponimo migdol è presente nei testi di esacrazione nei quali è attestato come *Ma/igdāl(a)* - *Magdālaya*[2] stante ad indicare un insediamento in Transgiordania[3] o, secondo l'ipotesi di Ahituv, nella piana di Sharon

---

[1] - Soprattutto per quanto riguarda le fortezze del Medio Regno in Nubia: Badawy 1968, vol.I-II; Lawrence 1965, 71-88.

[2] - Albright lo traduce il "migdalita" (1941, 18 n.10) riferibile al sovrano della città; Ahituv 1984, 142, n.E5. Sul termine cfr. Köhler – Baumgartner 1985

[3] - Ipotizzato da B.Mazar (1957, 46) che Ahituv (1984, 142 nota 390) non lo esclude ma lo ritiene improbabile.

nei pressi di Shechem[4].

Una seconda attestazione è quella presente nella lista delle città conquistate da Tuthmosi III nella sua prima campagna asiatica, secondo alcuni studiosi da identificare con il *Migdol-Gad* dell'Antico Testamento[5] e con il *Migdol-[Yenet]* o *Migdālēn*[6] presente tra i siti canaanei conquistati da Amenhotep II nel suo nono anno di regno[7].

Si tratta probabilmente di uno o più insediamenti atti a controllare il sentiero che collegava il sito di Gath-padalla con la parte occidentale della Piana dello Sharon e il ramo occidentale della *Via Maris*[8].

Successivamente, il termine *Magdalu* appare nella corrispondenza amarniana per indicare una città fortificata della Beqaa[9] mentre, agli esordi della XIX Dinastia, *Migdol* è presente fra le città canaanee conquistate da Sethi I[10], da Ramesse III[11] e da Sheshonq I[12].

---

[4] - Come giustamente sostenuto da Ahituv (1984, 142) l'idea di identificare il toponimo nel sito di Khirbet el-Majdal è da scartare non essendo state rinvenute che tracce databili al IAII. Lo studioso allora identifica l'insediamento a Tell ed-Durur (Tel Zeror) ubicato a 3 km nord-ovest da Khirbet el-Majdal sia sui dati archeologici forniti da Aharoni (1959, 120-22) e da Kochavi (1976, 88), sia sul fatto che Shechem è il toponomastico immediatamente successivo (E6) a quello di Migdol nei testi di esacrazione.

[5] - Urk. IV 784 n.71; Ahituv, 1984, 142 71b nota 386 e 71c. Secondo Helck (1971, 135) il toponimo n.71 sarebbe da identificare con. Tell ed-Durur (Tel Zeror), ipotesi ovviamente accettata da Ahituv (1984, 142), ma non confermata dalle indagini sul sito da parte di Kochavi (1993).

[6] - Urk. IV 1307: 5; Ahituv 1984, 142 nota 387; Helck 1971, 171 e 184.

[7] - Sulla campagna di Amenhotep II: Helck 1971, 156-158; Sull'attività bellica del faraone e sul dominio egizio in Palestina dopo le campagne di Tuthmosi III: Giveon 1978; Na'aman 1982; Spalinger 1983; Der Manuelian 1987; Liverani 1991, 562; Redford 1992, 162-63; Grimal 1992, 276-277; Murnane 1997; 2000; Hasel 1998; Cavillier 2003; Morris 2005.

[8] - Secondo Ahituv (1971, 142) questo percorso sfociava nell'approdo di Tel Girith a Nord di Michmoreth, sulla base dei resoconti di Gophna e Kochavi (1966, 143) e di B.Mazar (1957).

[9] - Identificato nella valle della Beqaa da Albright e Lambdin (1957, 123) o a Tell Mejdelun a 7 km ovest di Ba'albek da Kuschke (1958, 110) ma quest'ultima ipotesi smentita da Ahituv (1984, 141) sulla base dei sondaggi effettuati dallo stesso Kuschke (1958, 110).

[10] - Ahituv 1984, 141 n.XXIII:32

[11] - Ahituv 1984, 141 n.XXVII:82 e vedi nota 8 per l'identificazione di questi siti con quelli afferenti alla *EA* 175: 29, 34; Gardiner 1920, 109 nota 1.

[12] - Ahituv 1984, 141 n.XXXIV:58. Il migdol che compare nella lista di Seshonq I risulta compreso fra il toponimo *Zemarain* (n.57) e quello di *Tirzah* (n.59); tale stato di cose ha permesso ad Ahituv di identificarlo con il biblico *Migdol Eder* (Gen. 35:21) e di ipotizzarne l'ubicazione lungo la carovaniera che attraversa la Palestina centrale. Tale assunto si regge solo sull'analisi contestuale del passo biblico e scarta l'idea di Abel (1935-38, 33), di Noth (1971, 81) e di Hermann (1964) di identificare il migdol con il *Majadal bani-Fādil* ubicato sulle alture di Ephraim. B.Mazar (1957) propone invece una lettura bustrofedica della lista di Seshonq, teoria, questa, non accettata da Aharoni (1979, 384) e da Ahituv (1979, 178). Tuttavia, il fatto che alcune località della lista di Seshonq siano state recentemente identificate sia sulle alture di Ephraim (Beth Horon n.24 e Gibeon n.23) sia nella Valle del Giordano (Adamah n.56 e Succoth n.55) ha rimesso in discussione l'intera questione. Un'ipotesi accettabile è quella avanzata da Zertal (1995, 266) che identifica il migdol nel sito di Rujm Abu Mukheir ubicato sul sentiero che permetteva di collegare la Valle del Giordano (all'altezza di Qarn Ṣartabah) a Gerusalemme e Shechem. L'acclarata presenza nella zona di fortezze del IAII (Khirbet eš-Šaqq: Zertal 1995, 255-58 e Khirbet el-Makhruq: Zertal 1995, 258-259) e di una strada pavimentata di epoca romana confermano l'importanza del percorso sia a fini strategici che commerciali: Zertal 1995, 266; Bar-Adon 1972, 104; Aharoni 1967, 11-13; Harel 1967. Sulla questione Redford (1987, 143) ritiene i migdol "small rectangular keeps adiacent at a water resevoir" similmente a quanto ritenuto da Oren (1987; 1992), Clédat (1920, 189-90 e 193) e T.Dothan (1979-80). Sulla campagne di Sheshonq I in Palestina: vedi Finkelstein 2002; Finkelstein e Piasetzky 2006 con bibliografia; sul Terzo Periodo Intermediario e sul dominio egiziano in Palestina nel periodo precedente:

Nel secondo caso, invece, la presenza del termine nella nomenclatura militare egizia è attestata nella corrispondenza amarniana; nella lettera *EA 234* del sovrano di Acco al faraone, il termine *Ma/igdāl* (rigo *28-30*) è da questi utilizzato per paragonare la sua città ad una "torre" o "fortezza" al servizio del faraone contro pericoli provenienti dall'esterno[13]. Sempre in quest'ottica, in età ramesside, il migdol, quale fortilizio indipendente, è raffigurato nel rilievo afferente alla prima campagna asiatica di Sethi I a Karnak (indicato come ⟨geroglifici⟩ *Migdol di Sethi*)[14], attestato nel *Pap.Anastasi V* (19, 6-20,2) e definito *Migdol di Sethi-Merenptah* e, infine, raffigurato nei rilievi di Medinet Habu come ⟨geroglifici⟩ *Migdol di Ramesse-Signore di Heliopolis*[15].

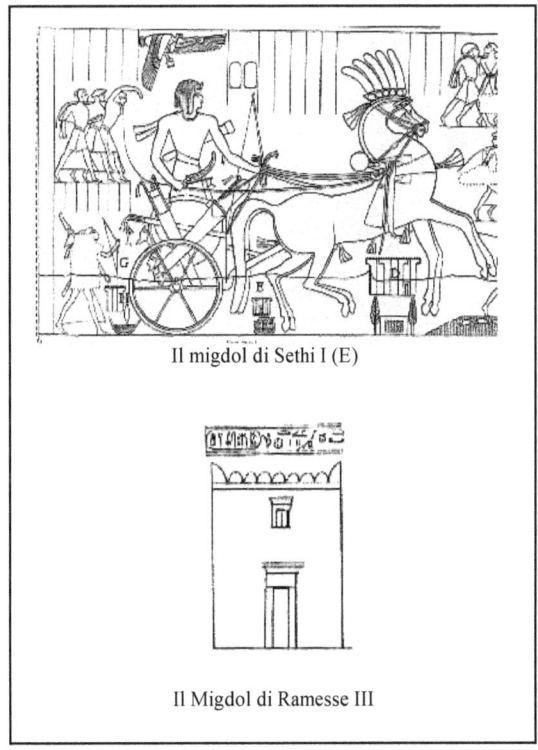

Il migdol di Sethi I (E)

Il Migdol di Ramesse III

Quanto brevemente detto finora sulla definizione di insediamento e di fortilizio indipendente che soggiace al termine di migdol è utile per chiarire che, nell'epoca di nostro interesse, tale significato è noto in Egitto e dunque rispondente ad una precisa funzione che tuttavia non sembra inerire direttamente agli accessi fortificati ma ai fortilizi. Ciò nonostante, proprio in talune strutture dell'epoca è possibile ravvisare utili elementi atti a completare il nostro quadro fenomenologico; non è un caso, infatti, che strutture fortificate come Haruvit nel Delta orientale presentino accessi difesi da due poderosi bastioni, la cui disposizione e caratteristiche può agevolmente far ipotizzare una sua identificazione con il migdol di Sethi I e dunque agevolmente accostare al significato di fortilizio quello di accesso fortificato[16].

Giveon 1978; Grimal 1992; Kitchen 1992; Weinstein 1981; 1991; Van der Steen 1996; Murnane 1997; 2000; Hasel 1998; Higginbotham 2000; Cavillier 2001c; 2003; Morris 2005.

[13] - ANET 259; nella lettera si evince: *amurme URU Ak-ke^{ki} Kima URU Ma-aq-da-li^{kil} ima KUR misr* derivante dal termine accadico *URU dannati / dannuti*: CAD III, 89-ss; sulla supremazia egizia e sulla corrispondenza amarniana: Liverani 1994; 1998; Cavillier 2003 con bibliografia.

[14] - Gardiner 1920; Kalosy 1986; RIK, 3-26 Pl.2-8; ARE III, 43-37;50-53, §§83-88, 98-108; ANET, 254, (a)-(c- parte prima)-(d); KRI I, 6-11; KRI VII, 422-423; RITA, 12-17; 6-9, § 1

[15] - Gardiner 1920:110; KRI V, 33,16. La natura militare o civile (tempio) di questa struttura e la sua ubicazione è causa di dibattito fra gli studiosi, sia perché nel *Pap.Harris I*, 9:1-3 questa struttura fu la sede ove il faraone celebrò la sua vittoria sui Popoli del Mare, sia perché il determinativo del toponimo (*niwt*) ed alcune caratteristiche figurative del complesso (finestra delle apparizioni e accesso) farebbero propendere per un insediamento o un palazzo; sulla questione cfr. Morris 2005, pp.715-18 con bibliografia.

[16] - Sulla attendibilità dei rilievi: Yadin 1963, 96-97, 148-50 e 205-217; Badawy 1968, 446-74; Naumann 1971, 311-5; Oren 1987, 97; Oren–Shershevsky 1989; Broadhurst 1989; Morris 2005; sulla fortezza: Oren 1987; 1993b, 1390; Morris 2005, 511-514.

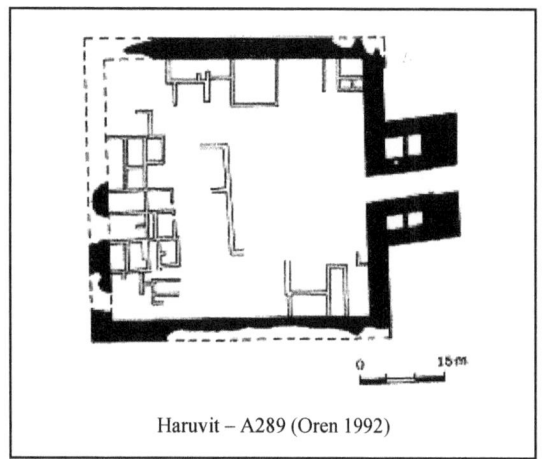

Haruvit – A289 (Oren 1992)

Ciò che tuttavia rende differenti tali complessi è la loro diversificazione funzionale, condizione, questa, accuratamente precisata nelle fonti testuali ed iconografiche dell'epoca (come, ad esempio, il già citato rilievo di Sethi I); così, al toponimo "migdol del sovrano x" quale specifica di un fortilizio atto al controllo di vie di transito e punti di particolare importanza strategica come la fascia costiera sinaitica e la *Via Maris*, si contrappongono svariate categorie di insediamenti fortificati e di fortezze indicate come *xtm*, *mnw*, *nxtw*, *bxnw*, *at* e *dmiw* ciascuna avente un determinato ruolo e funzione nell'architettura militare ramesside[17].

Tale accurata "diversificazione" funzionale da parte egiziana ricorre altresì per le fortezze ed insediamenti presenti in Siria-Palestina; al riguardo, Naumann, sulla base dell'iconografia del periodo, classifica tali complessi in tre gruppi o fasi ascrivibili a Sethi I, Ramesse II e Ramesse III.

Al primo gruppo appartengono:

"*fortresses in south Palestine of a uniform, presumably simplified type, characterized by an enclosure with four bastions and one or two doorways. Above the wall rises a second similar but smaller one, perhaps a citadel. The bastion seems to be crowned by a balcony with machicolations, possibly built on corbeling balks.*"

Il secondo gruppo mostra invero:

"*more types, varying according to the sites. The fortresses in Palestine are of the former, simple type, with windows, whereas those in North Syria occupied by the Hittites are more complex and characterized by loft towers.*"

Al terzo gruppo appartengono:

"*both simple and complex types used by the Hittites all over Syria and Palestine.*"

A questa classificazione segue quella di Badawy[18], forse più preziosa sotto il profilo della funzionalità delle strutture, che diversifica i complessi in base alla tipologia del circuito murario:

A. Singola cinta
B. Singola cinta e cittadella
C. Doppia cinta con singolo accesso
D. Doppia cinta con due accessi
E. Doppia cinta con torri
F. Doppia cinta con torri e cittadella
G. Più cinte

---

[17] - Sulla terminologia dell'arte militare egizia, sulla funzione delle strutture fortificate e del migdol (questo specifico per le vie di transito e i pozzi): Morris 2005, 4-5 e 715-18.

[18] - Badawy 1968, 466-74.

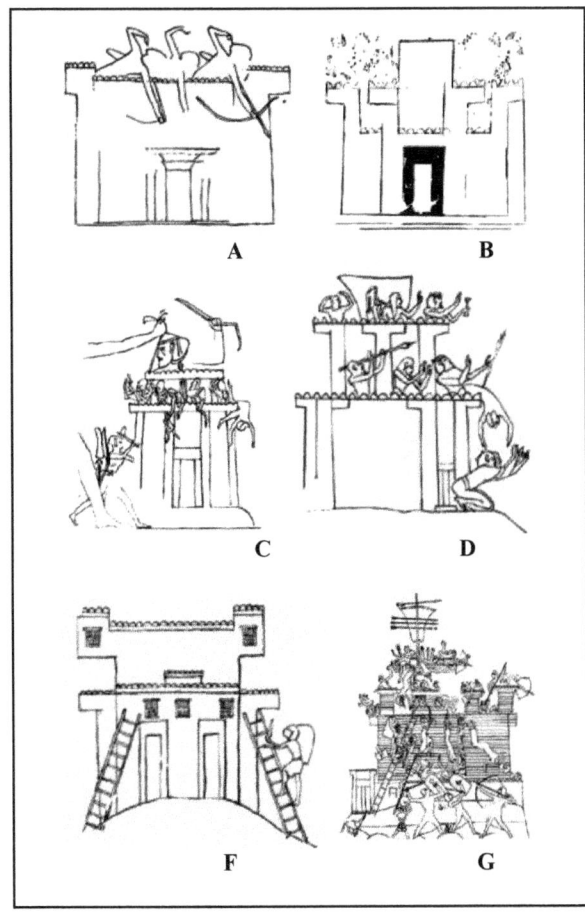

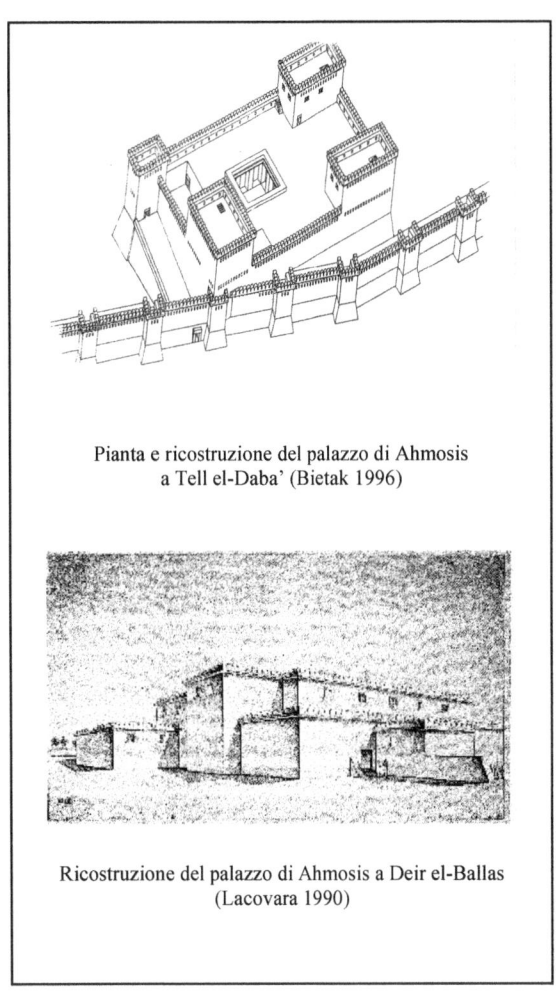

Pianta e ricostruzione del palazzo di Ahmosis a Tell el-Daba' (Bietak 1996)

Ricostruzione del palazzo di Ahmosis a Deir el-Ballas (Lacovara 1990)

Fatte le debite premesse atte a chiarire limiti ed orizzonti del nostro campo di applicazione, riprendiamo la nostra analisi tentando di rintracciare una possibile linea di sviluppo nell'Egitto del Nuovo Regno dell'accesso fortificato definito "migdol". Un primo dato di continuità sul mantenimento della monumentalità degli accessi sia per questioni di difesa che di propaganda della regalità si ravvisa nel palazzo di Ahmosis a Tell ed-Daba'[19] e in forma più contenuta a Deir el-Ballas[20]; in entrambi i casi, l'accesso è fiancheggiato da torrioni in grado di assicurarne il controllo e di dare particolare enfasi alla rampa di accesso (ascendente e allungata per il transito dei carri a Tell el-Daba' e dotata di scalini a Deir el-Ballas).

---

[19] - Bietak 1996; 1999; 2000
[20] - Lacovara 1990

In Nubia, da sempre "laboratorio privilegiato" per la messa a punto di soluzioni architettoniche all'avanguardia nel campo della fortificazione, la maggior parte delle fortezze del Medio Regno presenta accessi difesi da imponenti torrioni "allungati"; simili accorgimenti mirano essenzialmente ad intrappolare il nemico nel lungo corridoio e a bersagliarlo dall'alto. Nell'epoca di nostro interesse, tuttavia, quasi tutti i siti risultano abbandonati o riutilizzati non per scopi militari; uno degli insediamenti fortificati ancora in uso è Buhen. Qui Tuthmosi III sfrutta ancora l'efficacia dell'ampio circuito murario intervallato da imponenti bastioni, a discapito di quella dell'accesso ora ridotto in dimensioni e a divenire poco più che un portale monumentale forse più idoneo alla propaganda imperiale che ad un effettivo uso difensivo, benché l'intero insediamento continuò a funzionare come base militare e amministrativa[21].

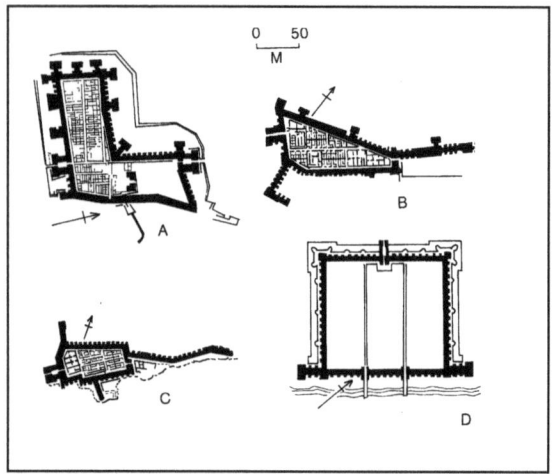

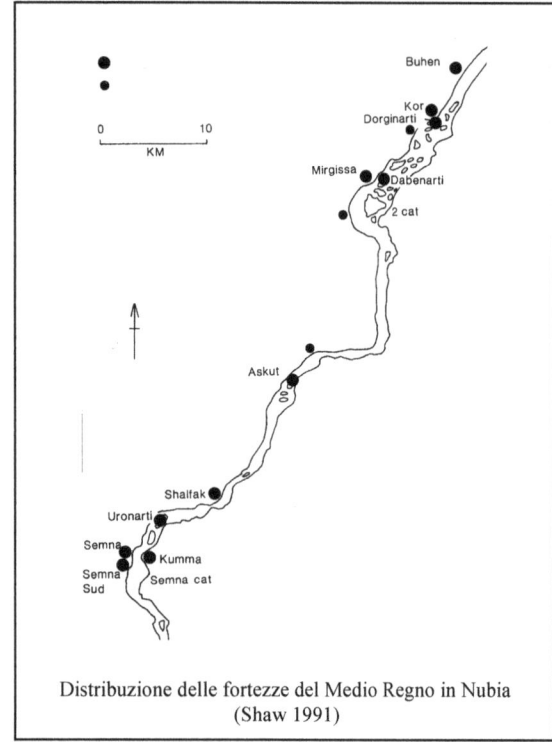

Distribuzione delle fortezze del Medio Regno in Nubia (Shaw 1991)

Di simile disposizione appare anche l'accesso di Aniba[22] che conferma l'intento dei costruttori egizi di riutilizzare e rielaborare i modelli del Medio Regno ma in più stringente sintonia con le mutate esigenze belliche.

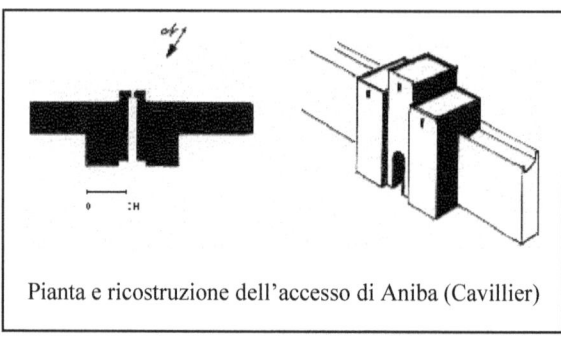

Pianta e ricostruzione dell'accesso di Aniba (Cavillier)

L'abbandono della maggior parte dei siti del Medio Regno sancisce la realizzazione di nuovi posizionati più a sud come Sesebi, Aksha, 'Amara ovest, Soleb e Sai. A Sesebi viene realizzato un insediamento fortificato durante il regno di Amenhotep IV[23], ma la disposizione degli accessi appare nettamente differenziarsi sia da quelle realizzate in precedenza, sia da quella di nostro interesse.

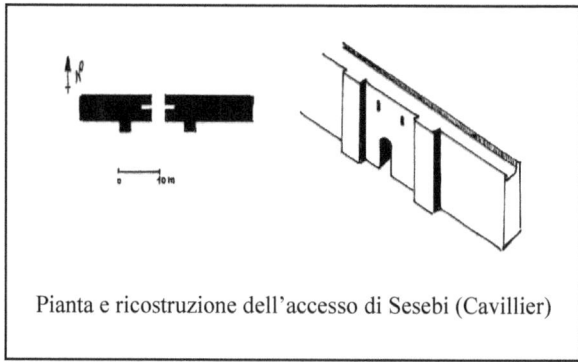

Pianta e ricostruzione dell'accesso di Sesebi (Cavillier)

---

[21] - Lawrence 1965, 88; Emery 1959; 1960; 1961; 1962; 1964.

[22] - Lawrence 1965; Badawy 1968, p.457, fig.244; Spencer 1982, p.104.

[23] - Lawrence 1965, 88; Blackman 1937, 146; Fairman 1938, 152, mentre Badawy (1968, 57) data la costruzione al regno di Tuthmosi III o Amenhotep II.

Un primo passo verso una benché minima somiglianza si intravede nelle realizzazioni di Sethi I ad 'Amara ovest[24] (fig.3.4) e ad Aksha[25] sebbene, a differenza dell'imponenza delle cinte murarie[26], gli accessi appaiono di dimensioni piuttosto esigue.

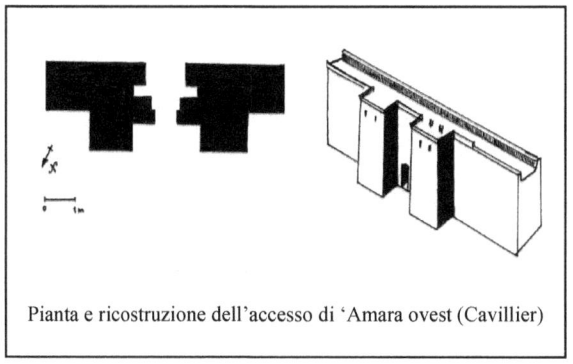

Pianta e ricostruzione dell'accesso di 'Amara ovest (Cavillier)

Ad 'Amara ovest la porta occidentale risulta ampia 2.80 m e profonda circa 7 m, mentre la porta settentrionale risulta ampia 2 m e profonda 4 m, entrambi gli accessi sono fiancheggiati da torri di forma quadrata di 3.15 x 3.15 m con proiezione aggettante di soli 2.70 m. Una simile soluzione si riscontra anche ad Aksha ove l'esiguo accesso alla fortezza era protetto da massicce torri di 5.85 x 5.85 m aggettanti di circa 3 m[27]. Ulteriore elemento interessante si ravvisa ad 'Amara ovest ove all'interno delle torri d'accesso risultano presenti dei piccoli recessi con soglia in pietra e rampa di scalini per accedere alla sommità delle mura[28].

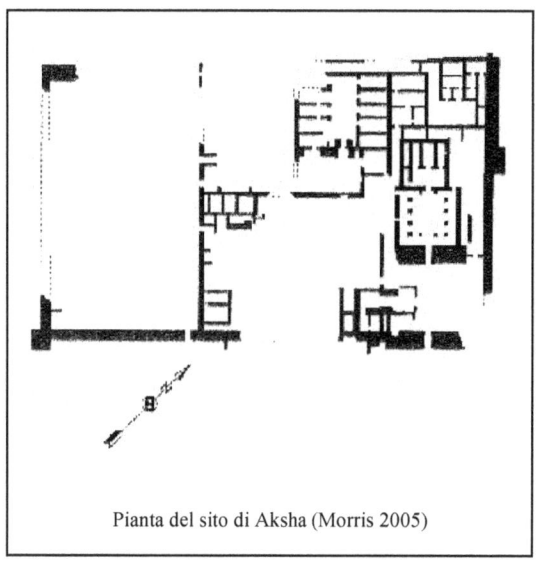

Pianta del sito di Aksha (Morris 2005)

Un primo ragguardevole accenno ad una maggiore monumentalità degli accessi si intravede in una delle fortezze di Ramesse II nel Delta occidentale: Zawiyet Umm el-Rakham[29]. Qui, la posizione aggettante dei bastioni d'ingresso ripropone in maniera forse più imponente la soluzione di Buhen ma con qualche innovazione rappresentata dal vano di raccordo con la cinta muraria e dalla posizione della stessa cinta che viene ad innestarsi in posizione mediana ai massicci. È in sostanza quanto poi riproposto in seconda fase costruttiva da Ramesse III a Tell el-Retaba, sebbene, quest'ultimo, fiancheggiato da due torri rettangolari, con proiezione interna sembra contrastare con le soluzioni architettoniche precedenti[30].

---

[24] - Sul sito e sulla storia degli scavi: Spencer 1997

[25] - Rosenvasser 1964, 96, fig.1.

[26] - Ad 'Amara ovest la cinta muraria di forma rettangolare è di 100 x 150 m con uno spessore di 3.5 m.

[27] - Lawrence 1965, 89.

[28] - Una simile disposizione è attestata a Sesebi per la porta ovest: Blackman 1937, figg.13 e 19. Ad 'Amara ovest questa soluzione tattica perse successivamente

efficacia allorquando Ramesse II fece occultare gli accessi laterali delle torri d'accesso per trasformare l'accesso in una corte d'accesso templare: Shinnie 1951; Lawrence 1965, 88

[29] - Habachi 1980; Snape 1997; Giddi 1998; Morris 2005, 641-43.

[30] - Petrie 1906, 28-30, fig.XXXV; Lawrence 1965, 90; Badawy 1968, 470; Morris 2005, 740-41.

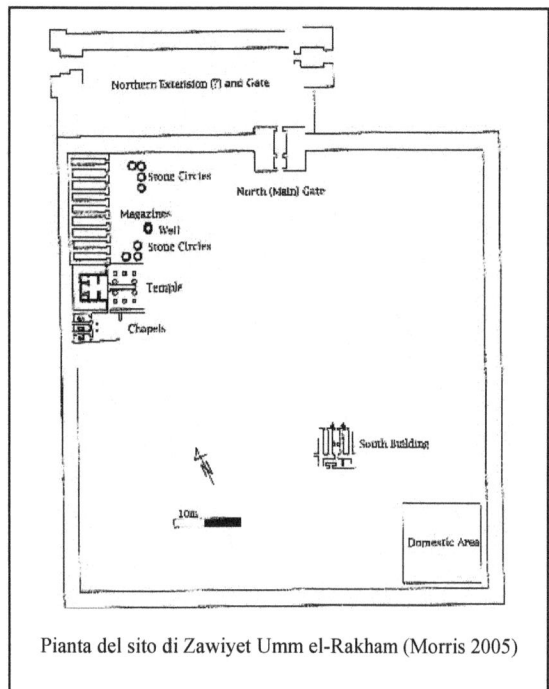

Pianta del sito di Zawiyet Umm el-Rakham (Morris 2005)

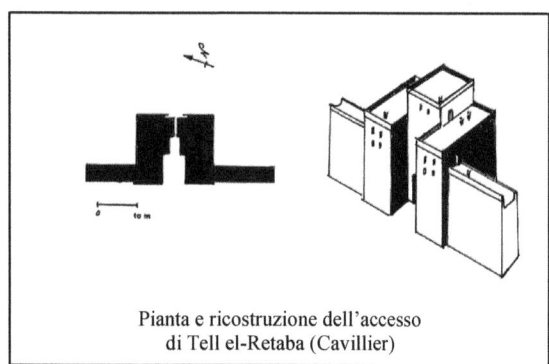

Pianta e ricostruzione dell'accesso di Tell el-Retaba (Cavillier)

Infatti, se nel Medio Regno si tendeva a realizzare accessi "ad imbuto" al fine di una maggiore potenza di tiro sul nemico[31] e negli anni precedenti al regno di Ramesse III si privilegiava l'assialità ai fini di un agile fuoriuscita dei difensori, ora la prospettiva architettonica appare del tutto differente: si sfrutta il concetto planimetrico dell'imbuto del Medio Regno ma applicato al contrario, cioè si amplia notevolmente lo spazio antistante l'accesso, sia in ampiezza che in altezza mediante l'uso di torri a più livelli di calpestio probabilmente sopraelevati rispetto alla cinta muraria, proiettando ed enfatizzando la monumentalità del "castello di accesso", al fine di minimizzare la vista al nemico dell'unico punto debole della difesa dell'insediamento: il piccolo ingresso sottostante. In questo acuto "gioco" di proporzioni, non mancano ulteriori accorgimenti alla funzionalità del sistema come l'aumento dello spessore della cinta muraria (circa 9.5 m)[32] e l'imponenza delle strutture turrite[33] entrambe atte a "sostenere" il portato dell'accesso monumentale.

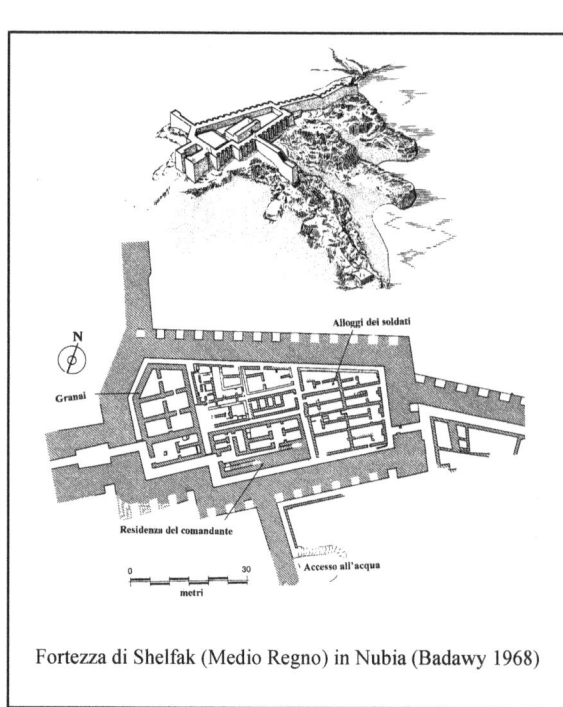

Fortezza di Shelfak (Medio Regno) in Nubia (Badawy 1968)

Per quanto attiene le torri di accesso, si tratta di strutture fortificate davvero imponenti (22 x 15 m) con altezza superiore ai 10 m, il cui sviluppo planimetrico si svolge all'interno della cinta

---

[31] - "Gateways of the Middle Kingdom had been designed on the contrary principle of a narrow mouth and a wider court behind": Lawrence 1965, 90.

[32] - Rispetto ai 3.12 m della prima fase di costruzione: Badawy 1968, 470.

[33] - Badawy 1968, 472, fig. 252.

(similarmente alle fortezze nubiane del Medio Regno) e che, come già accennato, probabilmente sovrastano la cinta muraria ma non risultano aggettanti verso l'esterno, cioè tendono a "celarsi" dietro le mura della cinta. Simili accorgimenti al di fuori dell'Egitto, in termini solo di posizione dei massicci, sono visibili sensibilmente ad Alalakh[34]. È evidente che di alcune strutture fortificate prese qui in considerazione come quelle di Zawiyet Umm el-Rakham e di Tell el-Retaba è stato possibile solo evidenziarne taluni tratti sia perché in corso di scavo, sia perché detti complessi, all'atto della scoperta, non risultano più presenti *in situ*.

Pianta del sito di Tell el-Borg (Morris 2005)

Per altri complessi fortificati, alcuni in corso di scavo come Tell Heboua[35] e Tell el-Borg[36], alcuni oggetto di brevi indagini non pubblicate come Kom el-Qulzoum o altri solo parzialmente scavati come Kom Abu Billo, Kom el-isn, Kom Firin, Tell Abqa'in, El-Barugi, Kom Abu Girg, Kom el-Idris, Rakotis, Ezbet Abu Shawish, El-Kurum el-Tuwal è possibile al momento solo elencarli benché fosse indubbia la loro importanza all'interno del complesso ed articolato sistema strategico ramesside[37].

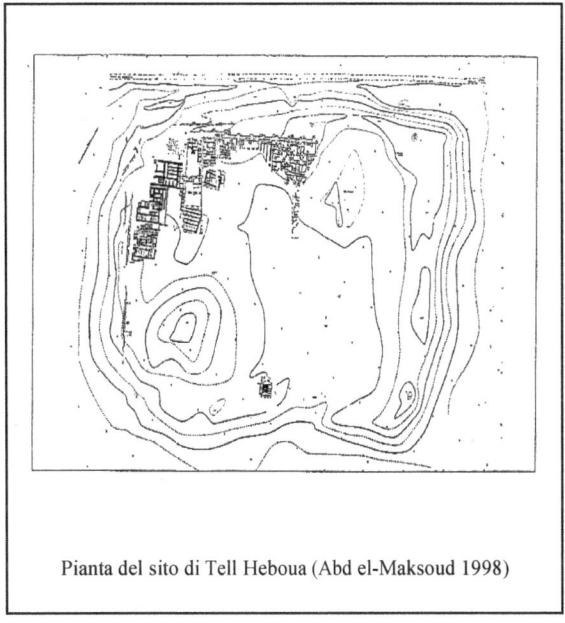

Pianta del sito di Tell Heboua (Abd el-Maksoud 1998)

---

[34] - Wolley 1955, fig.55.

[35] - Su Tjarw e Sile: Gardiner 1920; AEO: I,181; II, 202f, 202*-204*, No.419; Cavillier 1998; 2001a; 2001b; Abd el-Maksoud 1988, 40-47 e 97-103; 1998a; 1998b; Aufrère, Golvin, Goyon 1997, 290; Morris 2005.

[36] - Hoffmeier 2002; 2003; Morris 2005, 504-507.

[37] - Sulle fortezze ramessidi in Palestina e sulle forme della strategia ramesside: Kempinski 1992; Oren 1992; Murnane 1997; 2000; Hasel 1998; Higgimbotham 2000; Cavillier 2001b; 2001c; Morris 2005. Per un attento aggiornamento sui siti menzionati e sulle differenze sulla strategia territoriale delle dinastie XIX e XX: Morris 2005.

PARTE TERZA

I MIGDOL DI RAMESSE III A MEDINET HABU

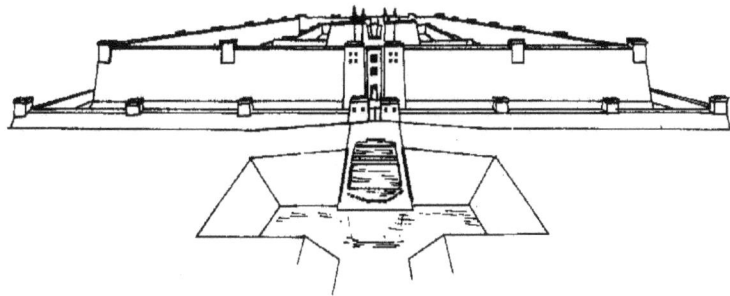

PARTE TERZA

I MIGDOL DI RAMESSE III A MEDINET HABU

Nel momento in cui Ramesse III realizza il "castello di difficile accesso"[1] a guardia del suo complesso funerario tebano, l'amalgama degli elementi architettonici egizi ed orientali appare ben più evidente[2].

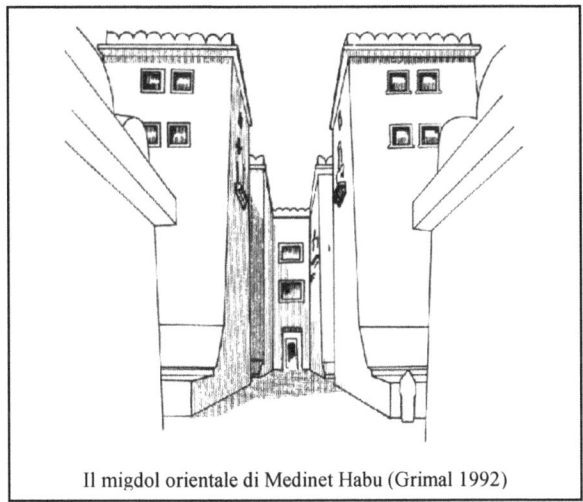

Il migdol orientale di Medinet Habu (Grimal 1992)

Ciò si evince sia dalla presenza di un "pavillon tower imitated from Syrian military architecture" sia dalla presenza di torrette aggettanti "cavalieri"[3] sui due circuiti murari del complesso che trovano interessante analogia con le raffigurazioni delle città siriane conquistate dal faraone e dai suoi predecessori[4]. Il complesso funerario (figg.III.1-2) è difeso da due cinte murarie rettangolari: una più esterna ampia 222 x 327 m, alta 4.40 m sul lato esterno e 2.40 m in quello interno e spessa 4.4 m ed una ben più imponente (il "Girdle Wall") ampia 210 x 315 m[5] e spessa 10-11 m (20 cubiti) che, a quanto ci dice Hölscher, risultava preservata nella parte sud dell'accesso orientale ad un'altezza di 15.20 m[6].

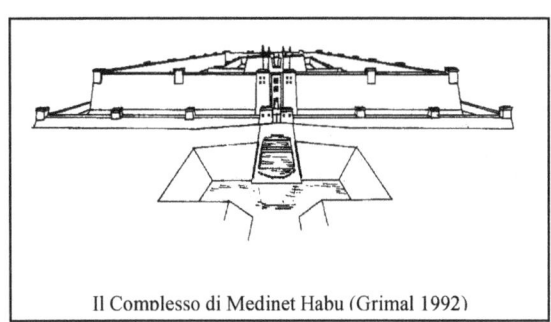

Il Complesso di Medinet Habu (Grimal 1992)

La ricostruzione dello studioso porta quindi ad un'altezza di 17.20 m il punto corrispondente al

---

[1] - Pap.Harris I.9.2; *Wb.* IV, 551, 16; Grandet 1983, 110; Vernus 1977, 187; Noch 1994. Sull'esigenza di Ramesse III di caratterizzare "militarmente" la sua architettura religiosa: Pap.Harris I.4.2; I.57.13; I.58.5-10; I.59.2; 12; Haeny 1967; Grandet 1983, 109-112; 1993, 206-ss; Morris 2005

[2] - Lawrence 1965, 90; Badawy 1968, 462; Grandet 1993, 100-114. Un simile evento ha anche vistose ripercussioni sotto il profilo testuale poiché implica l'adozione e l'uso di alcuni termini come ʿ-rʿ-ty e ṯ3-k3-rʿ per descrivere la nuova realtà architettonica: *Wb.*I, 213, 12-3; AEO.II.210*; Badawy 1968, 467; Noch 1994; ARE IV § 114 nota a; Hölscher 1921, 61-62; Helck 1971, 555 n.37, 597 n.297; Grandet 1983.

[3] - Badawy 1968, 462; Hölscher 1951, IV.1.

[4] - Lawrence 1965, 90; Badawy 1968, 453-454, fig. 241; Grandet 1993, 214-ss.

[5] - Questo circuito murario presentava angoli squadrati nella facciata del lato orientale e angoli arrotondati nel lato occidentale: Hölscher 1951, 1.

[6] - Hölscher 1951, IV.3 nell'area D 5-6.

punto di innesto delle merlature e a 16.43 m il piano di camminamento[7].

Sotto il profilo difensivo, la cinta esterna costituiva l'idonea "linea di difesa avanzata" del complesso e come tale sfruttava gli stessi accorgimenti difensivi della cinta interna e cioè i camminamenti sulle mura, le merlature e le torrette "cavalieri".

In questo modo, si tendeva a celare la cinta muraria retrostante e si obbligava il nemico a penetrare dall'unico accesso sul lato est di (3.5 x 2.5 m) difeso da due torri a pianta quadrata (4 x 2.5 m) con facciata realizzata in blocchi di pietra che si ergevano al di sopra della cinta[8].

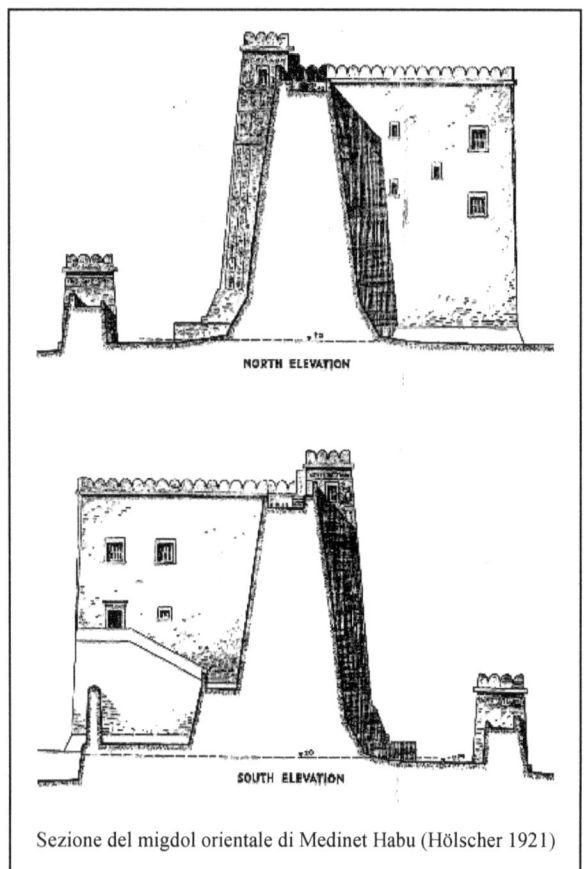

Sezione del migdol orientale di Medinet Habu (Hölscher 1921)

particolare della cinta esterna (Cavillier)

Il "Girdle Wall" risulta costruito su fondazioni in pietra (2-3 m), utilizzando dei mattoni crudi di 43 x 21 x 13 cm[9], presenta una faccia esterna in leggera pendenza ottenuta grazie ad una opportuna disposizione della muratura che Hölscher definisce "hanging courses"[10], mentre la rastremazione dello zoccolo di fondazione verso l'alzato (con angolo di circa 50°) è ottenuta usando la tecnica che Spencer definisce "stepping brickwork" ove "the brickwork back slightly at each course but in others by laying the bricks at the right-angles to the slope the face"[11]. Dovendo poi disporre di una muratura a vista, gli architetti egizi hanno pensato bene di rendere ancor più uniforme e maggiormente resistente la struttura esterna applicando uno strato legante di fango fra i mattoni, il tutto poi ricoperto da uno strato di malta di fango e calce[12]. Altro dato interessante è la presenza tra i secondi corsi di mattoni di alcuni

---

[7] - Hölscher 1951, 1, 8, Pl.10 e 11.

[8] - Hölscher 1951, 3.

[9] - Hölscher 1951, 3. Si tratta di mattoni "black and soft and regulary unstamped".

[10] - Hölscher 1951, IV.3, fig.2/b.

[11] - Spencer 1982, 70; Hölscher 1951, IV.3, fig.2/b.

[12] - Spencer 1982, 70 e 133-34; Hölscher 1951, 3. L'assenza dello strato legante all'interno della muratura ha costretto i costruttori ad utilizzare dei mattoni più spessi (8-9 cm), ogni sei corsi di quelli normali: Hölscher 1951, Pl.41, Sez. 1.

sottili strati di "cannucciato" aventi il chiaro scopo di "uniformare" la muratura durante la fase costruttiva, agevolando la presa del legante[13]. Sotto il profilo della stabilità, la cinta muraria principale è una struttura di sezione "trapezoidale", diremmo approssimativamente "piena" dal punto di vista della fabbrica, che poggia su di un massiccia "fondazione" in mattoni di 11 x 4 m circa eretta su di un letto roccioso[14], si tratta cioè di un corpo che lavora a "compressione" ma nel regime statico dei "retaining wall". Secondo Spencer, infatti:

the weight of the brickwork, acting downwards from the centre of gravity, must be sufficient to censure that W x a is greather than P x h, otherwise the wall will collapse

Quindi, qualsiasi "retaining wall" che abbia una foza-peso (W x a) tale da vincere quello esercitato sulla sua faccia interna (P x h), riesce a mantenersi stabile. Questo accade perché la tensione provocata sul lato interno e la compressione sulla punta della struttura sono annullate dall'effetto-peso della muratura che crea il momento stabilizzante W x d, ove d è la distanza fra la verticale dal centro di gravità della sezione del muro e il centro della base[15]. A tutto ciò va ad aggiungersi una delle gravose componenti di qualsiasi problema di stabilità e comportamento delle strutture sotto carico: l'azione dei carichi accidentali come vento, umidità, temperatura e fattore antropico.

Questa considerazione diviene basilare se andiamo a considerare i forti problemi di stabilità derivanti dal tipo di materiale utilizzato per la realizzazione della struttura; si sa che l'argilla cruda, al pari del legno, è sufficientemente idonea a resistere a sollecitazioni semplici come la compressione e la trazione ma non tollera la presso-flessione, la torsione e il taglio[16]. In presenza di cinte murarie ampie ed elevate come quella di Medinet Habu, azioni di tipo orizzontali, (vento) ne causano pericolosi momenti flettenti e di taglio, mentre umidità e fattore antropico (peso e vibrazioni causate dal movimento delle sentinelle sui camminamenti e all'interno della struttura) ne aggravano ulteriormente la spinta verticale (fig.III.3).

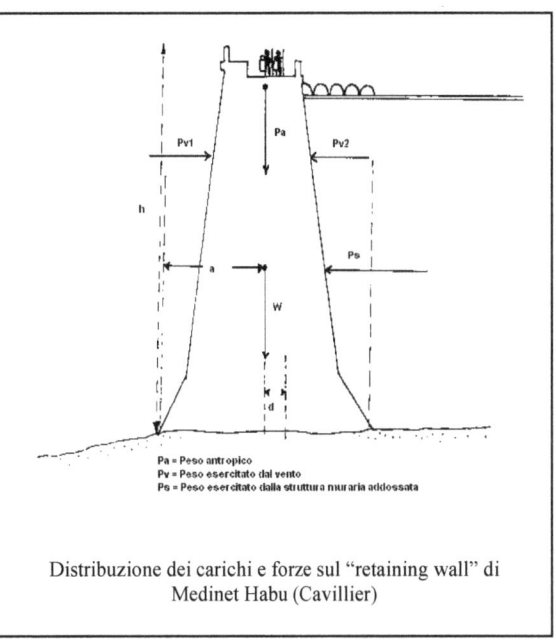

Distribuzione dei carichi e forze sul "retaining wall" di Medinet Habu (Cavillier)

---

[13] - Hölscher 1951, IV.3 nota 8; Spencer 1982, 135.

[14] - Hölscher 1951, 1.

[15] - Spencer 1982, 71-73, 112.

[16] - AA.VV. 2000; Sulla questione non va tuttavia sottovalutata la difficoltà da parte dello scavatore di distinguere gli strati leganti dalla stessa muratura, dato il pessimo stato dei resti: Hölscher 1951, 29 nota 2.

Per la risoluzione di questi problemi occorre osservare, innanzi tutto, la tipologia della fabbrica della struttura realizzata secondo il modulo che Spencer definisce "A3"[17], ovvero con il riempimento della muratura formato interamente dalle "testate" dei mattoni, che divengono, di fatto, la base di spessore delle mura[18]. Un secondo accorgimento degno di rilievo è l'assenza di vani interni che contribuisce ad aumentare la compattezza dell'intera struttura[19].

Abbiamo quindi a che fare con una cinta muraria, in grado di trasmettere alle fondazioni azioni essenzialmente verticali e poco eccentriche di debole intensità poiché dettate dal solo peso delle sentinelle o dei veicoli e, al contempo, in grado di adattarsi alla variazione di intensità dei carichi di tipo *dinamico*[20]. L'unica preoccupazione per i costruttori egizi è semmai quella di eludere eventuali cedimenti vincolari degli elementi verticali spesso causati dall'abbassamento o dalla rotazione delle fondazioni. Per fare questo si aumenta lo spessore e la stabilità delle fondazioni attraverso l'uso di massicce "scarpe" che poggiano su di uno strato di roccia naturale. Le scarpe di fondazione sono accuratamente racchiuse da dei "fossati" riempiti con un compatto strato di sabbia e fango[21]. In questo modo, tutta la cinta riesce a rispondere "elasticamente" e ad opporsi ad eventuali cedimenti degli elementi verticali, grazie all'azione ammortizzante dei fossati laterali dalle pareti esterne dalle fondazioni in pietra (fig.III.4).

La statica della cinta muraria è fondamentale per comprendere quella dei due migdol presenti nel complesso. Entrambe le strutture, orientale ed occidentale, hanno pianta e dimensioni differenti anche se sfruttano la stessa tecnica costruttiva e gli stessi principi architettonici: fondazioni in pietra, alzato in mattoni con blocchi di arenaria solo sulle facciate a vista, mentre le parti aggettanti verso l'interno risultano interamente realizzate in mattoni crudi. Solitamente è il migdol orientale quello oggetto di maggiori attenzioni da parte degli studiosi visto che la sua parziale integrità, durante gli scavi, ha permesso di ricavare maggiori informazioni, mentre il "gemello" occidentale, a tutt'oggi pressoché scomparso[22], appare forse più efficace sotto il profilo militare[23]. A prescindere dall'idea che la maggiore imponenza di quest'ultima struttura fosse unicamente motivata dall'intento di opporsi ai pericoli provenienti dal deserto[24], assume importanza il fatto che il significato architettonico del migdol si traduce, in questo contesto, in una corte a forma di pseudo-imbuto (con circa 7.10 m

---

[17] - Spencer 1982, Pl.1.

[18] - Spencer 1982, 116.

[19] - Questo è quanto si evince dai resoconti di Hölscher (1951, 1-2, Pl.41) e su cui si basano le nostre attuali osservazioni; la possibilità di un vano (corridoio) interno realizzato all'interno del circuito murario appare da escludere non essendo stato rilevato dallo studioso al momento degli scavi in nessuna sezione muraria allora visibile.

[20] - Si tratta dei carichi che comportano delle oscillazioni di spinta orizzontale e cambiamenti della forma della funicolare dei carichi Queste sollecitazioni si traducono poi in pericolose trazioni nelle strutture interne qualora la risultante esca dal nocciolo centrale d'inerzia in qualunque punto di pressione determinando il crollo della struttura.

[21] - Spencer 1982, 119.

[22] - Hölscher 1951, 3, 8.

[23] - Badawy 1968, 462.

[24] - Badawy 1968, 463; Hölscher 1951, 3.

di base che poi si allarga fino a 9.20 m sull'asse orizzontale mediano e raggiunge i 5.40 m nei pressi della porta) fiancheggiata da due torri massicce le cui parti verso l'esterno risultano sopraelevate di un piano (circa 2 m) alla cinta muraria (fig.III.5). Il passaggio che qui si ricava (3.80 x 5.70 m) introduce all'unico accesso ricavato sulla torre centrale, probabilmente sbarrato da una porta lignea, rinforzata con barre metalliche, e dotata di perni che andavano ad innestarsi su solidi blocchi circolari in granito nero (0.60 m di diametro) al di sotto della pavimentazione[25] (foto 20).

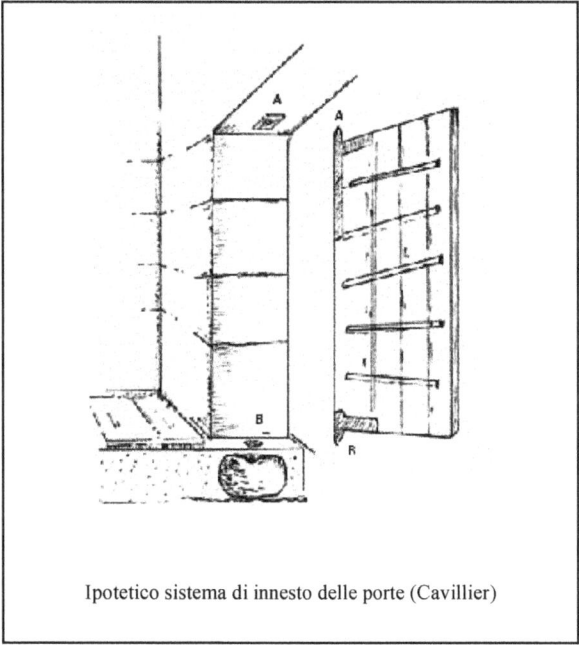

Ipotetico sistema di innesto delle porte (Cavillier)

Dall'interno, le possibilità di accesso al migdol non appaiono migliori ma solo più funzionali ai difensori: rampa di accesso al secondo piano della torre meridionale e scalinata presente all'interno del secondo piano della torre settentrionale per accedere ai livelli superiori (fig.III.5).

Rampa di accesso al migdol orientale (Cavillier)

I due torrioni che fiancheggiano e proteggono il passaggio, necessitano di uno zoccolo o basamento di raccordo con la cinta muraria, in modo da uniformare il carico della struttura sulle fondazioni e, in orizzontale, sulla stessa cinta così da eludere pericolosi aggetti verso la corte[26].

I torrioni del migdol orientale (Cavillier)

---

[25] - Badawy 1968, 464; Hölscher 1951, 5, fig.44. Questo tipo di base, di forma circolare (0.60 m di diametro) in granito nero (foto 20), è del tutto differente da quelli utilizzati nel tempio e nel palazzo (Hölscher 1951, fig.42-43) e trova interessanti paralleli con quelli mesopotamici. Per la pavimentazione interna del migdol i costruttori egiziani hanno ritenuto opportuno adoperare oltre ai blocchi di pietra anche dei mattoni di tipo quadrato (43 x 43 x 7 cm) il cui minimo spessore è giustificato dalla necessità di prevenire fratture all'interno dello stesso blocco per le sollecitazioni trasmesse dal terreno: Hölscher 1951, 12-3, Pl.41.

[26] - Hölscher 1951, 5, Pl.41.

Il fatto poi che il basamento delle "torri" più esterne (7.60 x 4.20) presenti verso l'interno un leggero sopravanzo in lunghezza di circa 1 m, conferma la necessità da parte dei costruttori di bilanciare maggiormente il peso della parete interna della torre sulla struttura retrostante.

Anche i torrioni seguono lo stesso regime costruttivo della cinta e ciò è confermato sia dalla disposizione e dalle dimensioni dei mattoni utilizzati (43 x 20 x 14 cm), sia dalla necessità di realizzare i vani interni a partire dal secondo livello dell'alzato a 7.30-7.41 m dal piano di calpestio[27].

La presenza dei vani al secondo e terzo livello apre la questione sulla realizzazione delle coperture ottenute attraverso l'utilizzo di travature lignee, di volte a botte ed archi[28]. La prima soluzione risulta applicata per i vani centrali e cioè quelli che superano i 4 m di ampiezza (liv.II.2: 4.15 x 4.50 m; liv.III.5: 4.15 x 4.85 m; liv.III.9n: 2.00 x 4.60 e 9s: 2.00 x 4.80 m – fig.III.6), mentre la seconda trova maggiori possibilità in tutti gli altri vani presenti nel complesso che non superano i tre metri di larghezza (liv.II 1n-s: 2.40 m, 3n-s-s': 1.50 m, 4n-s: 2.40 m; 6n-s-s': 1.50 m; 7n-s: 2.70 m; 8n-s: 2.70 m).

Sul discorso delle volte utilizzate per il migdol, Hölscher ci dice di non averne ritrovate *in situ* sebbene la presenza di "fori" per la centinatura presenti in una delle pareti dei vani centrali, al pari di quelle realizzate nel secondo palazzo, sembra confermare questo stato di cose[29].

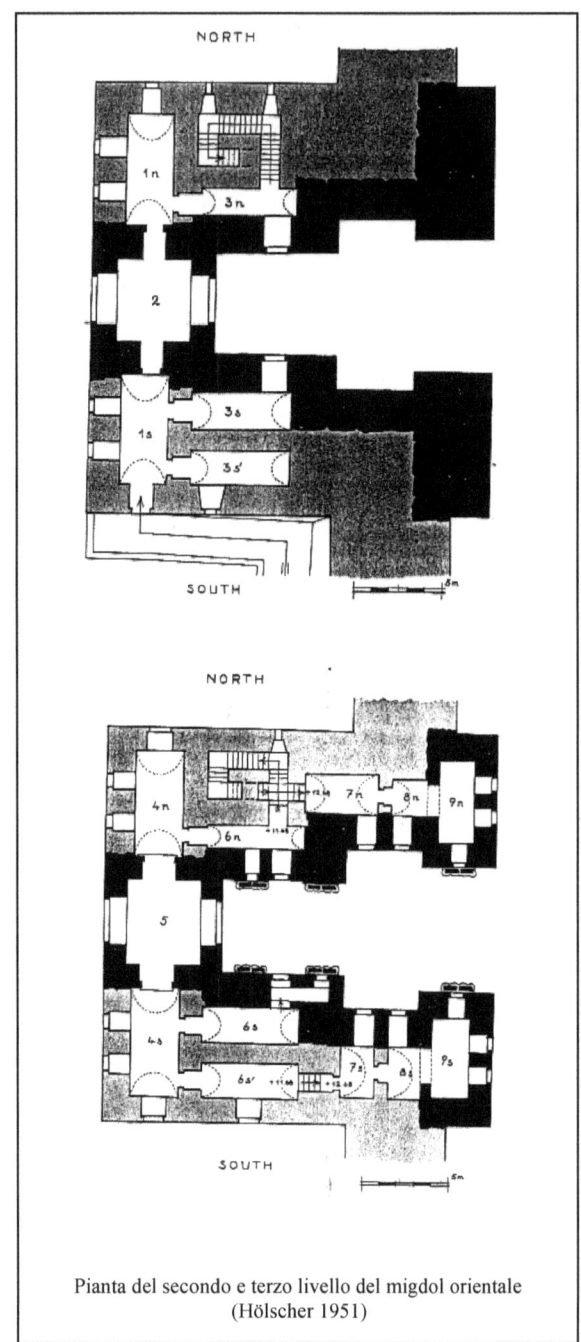

Pianta del secondo e terzo livello del migdol orientale
(Hölscher 1951)

---

[27] - Hölscher 1951, 5.

[28] - Sulla questione in generale: AA.VV. 1996; 1976a, 175; Cairoli Giuliani 1990, cap.3.2.1, 71. Sulla questione egiziana: Spencer 1982, 122-27; Clarke e Engelbach 1930, 181; Arnold 1991, 200 e sulla questione siro-palestinese: Oates 1973; Gregori 1986, 92-93.

[29] - Hölscher 1951, vol.III.39, Pl.29, vol.IV.29; Spencer 1982, 86-87.

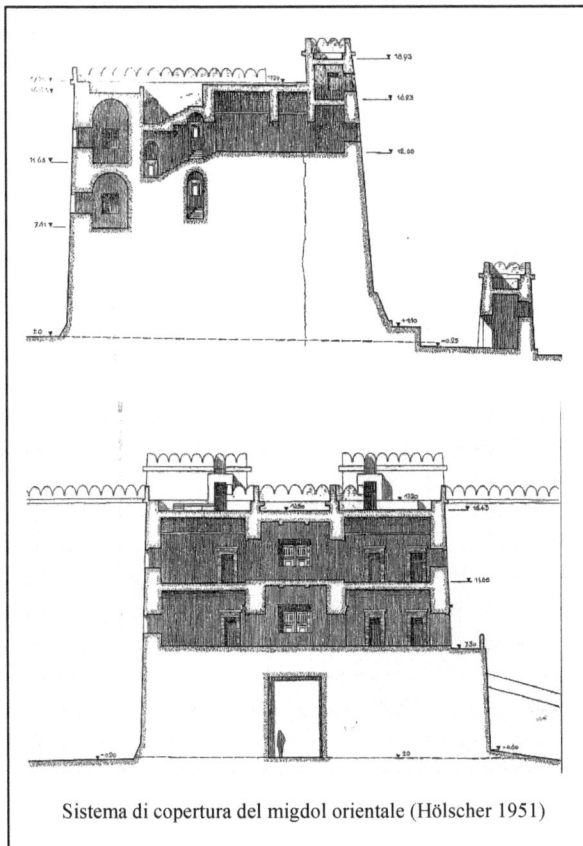

Sistema di copertura del migdol orientale (Hölscher 1951)

Da qui, la possibile considerazione che queste strutture voltate dovevano avere un rapporto di luce medio di 6:3:1 e 6:3:2 ed essere realizzate probabilmente con mattoni del tipo D1[30] in grado di garantire una buona presa del legante e di limitare un prolungato lavoro delle centine[31]; è un *modus operandi* che trova rispondenza in altre strutture coeve come gli edifici amministrativi[32], i magazzini[33] e le stalle reali[34].

---

[30] - Badawy 1968, 142.

[31] - Badawy 1968, 125.

[32] - Hölscher 1951, vol.III.62 e nell'edificio Sud: vol.IV.16

[33] - Che trovano interessanti analogie con le strutture analoghe rinvenute nel Ramesseum: Hölscher 1951, vol.III.64-65.

[34] - Qui l'uso delle volte riesce incredibilmente a coprire un vano ampio 8,60 m: Hölscher 1951, vol.IV.18.

L'idea di utilizzare le volte nei vani di minore ampiezza del migdol trova edificante spiegazione nel momento in cui ci si accorge che queste permettono al sistema di pilastri e strutture portanti su cui si appoggiano, di meglio ripartire la risultante dei carichi verticali (costruito dalle strutture soprastanti) ed orizzontali (costituito dal peso del blocco centrale in pietra) e, in secondo luogo, di fungere da elemento stabilizzante del blocco centrale che sfrutta un altro regime statico.

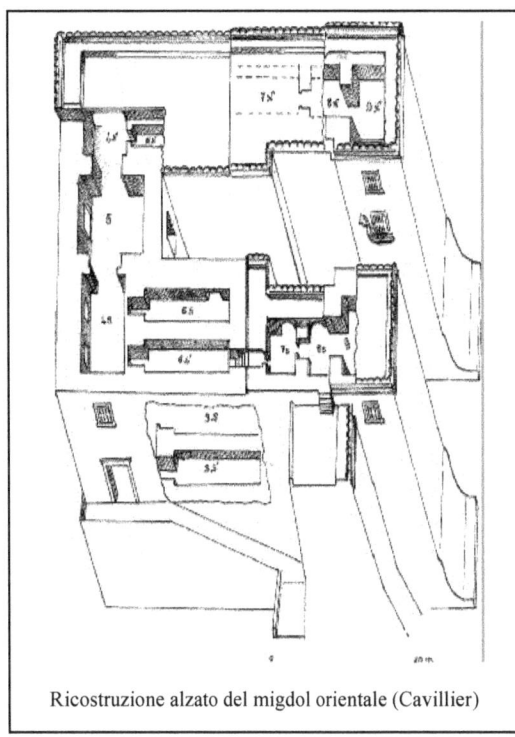

Ricostruzione alzato del migdol orientale (Cavillier)

La sostanziale differenza costruttiva del blocco centrale sta non soltanto nel fatto che essa è interamente realizzata in blocchi di arenaria[35] ma, soprattutto, nell'idea, non del tutto inconsueta, di sfruttare il legno per sostenere le coperture[36];

---

[35] - Provenienti dalle cave di Gebel Silsila, di dimensioni comprese tra 1/2 e 1 m: Hölscher 1951, 30.

[36] - A Medinet Habu questo metodo è realizzato solo nel midgol orientale: Hölscher 1951, 33; in generale

abbiamo a che fare con una travatura lignea (costituita da 5 assi che coprono una luce di 3.75 m opportunamente distanziati a 1.05 m con i vuoti riempiti di argilla) che giace su di uno strato di "cannucciato" (palma o papiro) compattato con gesso[37]. Il sistema ligneo supporta una pavimentazione spessa 8-12 cm probabilmente realizzata da sottili lastre in pietra[38] che, nel caso del terzo piano, si ispessisce a 35 cm forse per essere "impermeabilizzato" da uno strato di fango e gesso[39] (fig.III.7).

Tale soluzione trova la sua utilità in una struttura ove la pietra è il materiale portante e il legno può offrire tutti i vantaggi costituiti dalla sua bassa massa volumica e da una discreta resistenza alla flessione che si traduce in un notevole vantaggio sia per l'ottimizzazione dello spazio interno, sia per sostenere eventuali strutture soprastanti.

Si guadagna così in volume ed altezza delle zone che richiedono luce (Liv.II.2: fig.II.6 e Liv.III.5) e, al contempo, la struttura può permettersi di sostenere eventuali vani ulteriori (9n e 9s) data anche una maggiore semplicità esecutiva.

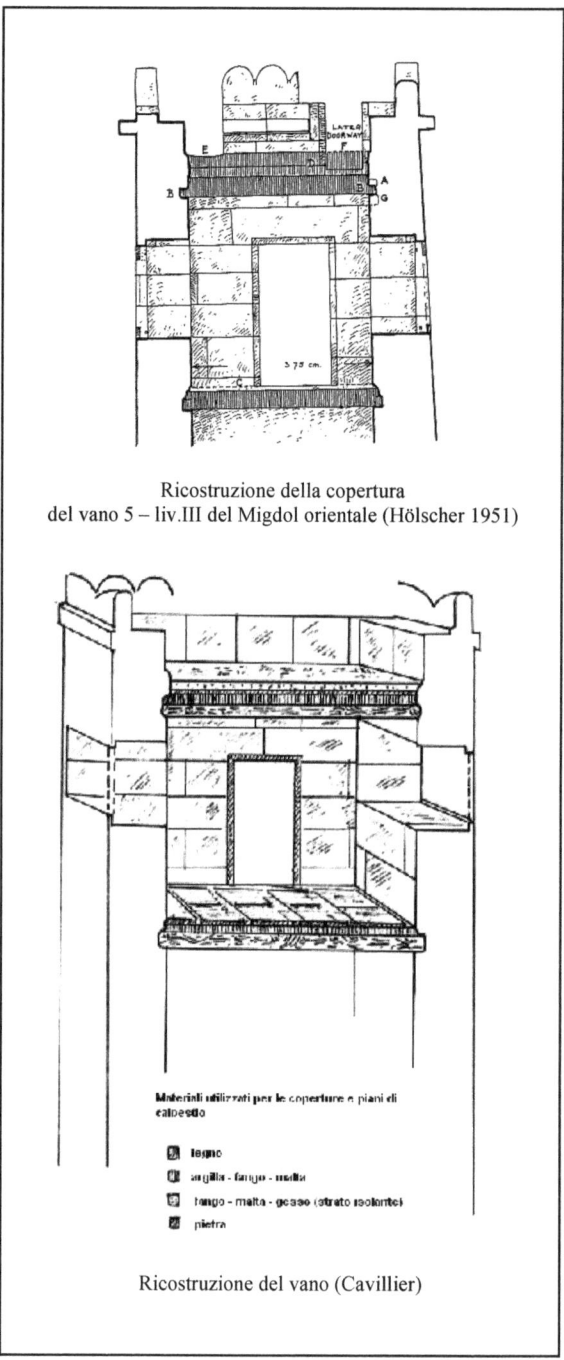

Ricostruzione della copertura del vano 5 – liv.III del Migdol orientale (Hölscher 1951)

Ricostruzione del vano (Cavillier)

---

sull'uso del legno nell'architettura egiziana: Spencer 1982, 130-33.

[37] - Hölscher 1951, 33.

[38] - Hölscher (1951, 33) ipotizza uno strato di gesso, anche se ciò appare molto improbabile visto che si tratta di un piano di calpestio e non di una superficie da decorare. Avrebbe avuto senso ipotizzarlo per la parte inferiore della travatura al di sotto lo strato di cannucciato. In generale: Spencer 1982, 134.

[39] - Anche in questo caso una delle ipotesi di Hölscher (1951, 33) è che lo strato di fango e gesso possa aver costituito il piano di calpestio, sebbene ai fini strutturali e di statica l'idea di una pavimentazione in sottili blocchi di pietra appare forse più verosimile.

Tuttavia, se nelle strutture voltate si ottiene la trasmissione dei carichi e sovraccarichi verticali quasi direttamente alle fondazioni, qui emerge con evidenza che la travatura lignea trasmette le reazioni verticali direttamente alle pareti portanti. Ciò sta ad indicare che, in presenza di carenti modalità di incastro fra travi e muratura d'appoggio, cedimenti anche sensibili delle pareti o anche delle stesse fondazioni avrebbero causato il crollo della struttura.

Tale pericolo sembra sia stato scongiurato grazie anche all'apporto stabilizzante dei torrioni laterali che permettevano di ottenere un maggiore equilibrio dell'insieme nel contrastare le eventuali spinte orizzontali causate dai fattori esterni accidentali come la forza del vento o lo stesso fattore antropico, nella considerazione che proprio il blocco centrale risultava quello maggiormente sottoposto al peso del passaggio delle sentinelle[40]. Il problema dell'illuminazione dell'intero complesso, risolto mediante una serie di aperture o finestre in cui vengono ad inserirsi "griglie" in legno distribuite in modo da illuminare ciascun vano o ambiente presente all'interno della struttura[41], introduce la questione dell'unicità del vano centrale del migdol. È qui che le caratteristiche architettoniche tipicamente egiziane sembrano emergere maggiormente da quelle applicate al resto del complesso e si riscontrano principalmente nella presenza di "finestre delle apparizioni" al secondo e terzo piano; laddove quindi esisteva l'esigenza di disporre di un'illuminazione maggiore rispetto agli altri ambienti dei torrioni laterali (che sfruttano solo un efficace gioco delle volte) furono utilizzate travature lignee[42].

Corte interna del migdol orientale (Cavillier)

Attraverso l'uso di ampie finestre e di "balconate" aggettanti verso la corte, l'intero complesso poteva assolvere pienamente alle funzioni rituali e di propaganda del sovrano[43] e questo giustifica la necessità da parte dei costruttori di accentuare l'effetto "scenico" del migdol.

Per fare questo si sfrutta l'imponenza delle facciate a vista dei torrioni che enfatizzano in prospettiva la profondità della corte e moltiplicano il numero di torri che guardano il passaggio[44]. Tale effetto, ottenuto riducendo la distanza fra le torri retrostanti (5.40 m) rispetto a quella fra le torri frontali (7.10 m) e accrescendo gradualmente

---

[40] - Dato che per ascendere al terzo–quarto livello occorreva salire la rampa di accesso al secondo livello della torre meridionale, attraversare gli ambienti 1s, 2 e 3n e salire attraverso la scalinata ivi presente (Hölscher 1951, 7, fig.4-5).

[41] - Hölscher 1951, 34, fig.40-41; Spencer 1982, 133.

[42] - Come già evidenziato, la presenza delle travature lignee nei vani 9n-s del terzo piano sono dovute

principalmente alla presenza di un quarto piano soprastante: Hölscher 1951, 5-7; Badawy 1968, 467.

[43] - Badawy 1968, 469.

[44] - Badawy 1968, 467.

verso l'esterno le dimensioni dei rilievi presenti sulle facciate a vista del migdol, doveva risultare davvero straordinario. All'impatto visivo del complesso in tutta la sua imponenza contribuiva l'iconografia dei rilievi (di valenza sia religiosa che bellica), accuratamente selezionata e distribuita sulle superfici esterne dei torrioni e della corte interna; sui torrioni, infatti, si stagliano le figure del faraone intento ad annientare i nemici dinnanzi ad Amon-Ra (torre sinistra) e Amon-Ra Horakhte (torre destra) offerenti il kepesh. I nemici del sovrano sono accuratamente raffigurati con le loro proprie caratteristiche: a sinistra compaiono i principi nubiani e libici, a destra quelli ittiti, amorrei, canaanei e alcune etnie dei "Popoli del Mare" come i *Ṯkr*, *Šrdn*, *Šrkš* e *Trš*.

Particolarmente rilevante, ai fini dell'effetto scenico del migdol, è la presenza al di sopra dell'accesso (torre frontale) di "finestre delle apparizioni" e di finestre nei torrioni laterali dotate di soglie sostenute da sculture aggettanti raffiguranti teste e busti dei nemici; la particolarità della proiezione di queste sculture sta nel fatto che esse appaiono incastrate nella muratura, quasi a dar l'effetto di nemici «murati» nelle torri e sul quale si poggia la simbolica soglia di calpestio del sovrano ivi raffigurato[45].

Ricostruzione di una delle finestre laterali
(Hölscher 1928-29, fig.9)

Finestre delle apparizioni e laterali
del migdol orientale (Cavillier)

Ricostruzione del migdol orientale (Hölscher 1951)

---

[45] - La tecnica dei rilievi e delle composizioni non sembra differire da quanto realizzato all'interno del complesso per le strutture residenziali. Sulla disposizione dei rilievi: Hölscher 1951, 5-6

L'abile «raccordo» ottenuto fra i rilievi e le iscrizioni presenti su tutte le "finestre delle apparizioni" ha, di fatto, il precipuo fine di amplificare virtualmente l'ampiezza dei piani elevati del migdol accentuando ulteriormente l'impatto di un blocco unitario e massiccio agli occhi dello spettatore.

Nel caso di eventi di grande portata religiosa e politica, l'imponenza monumentale del migdol era ulteriormente accentuata da un lungo "corridoio" (piattaforma realizzata interamente in grossi blocchi di arenaria di 1.80 x 1.00 m circa) che collegava la fortezza al limitrofo approdo sul Nilo (molo di 12.50 x 10.00 m circondato da un parapetto alto circa 1.10 m).

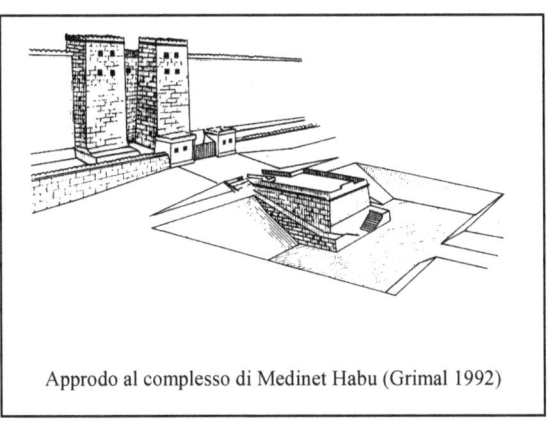

Approdo al complesso di Medinet Habu (Grimal 1992)

Di simile valentia appare il migdol occidentale (fig.III.8 – foto 16-24) che sfrutta la disposizione a pseudo-imbuto di quello orientale e probabilmente il tipo di materiale utilizzato (arenaria e mattone crudo) le stesse dimensioni delle torri in termini di altezza e di larghezza alla base (8.10 m)[46].

La differenza sta forse in termini planimetrici nella presenza di una seconda corte interna ricavata nel torrione meridionale, che Hölscher attribuisce alla necessità di non essere visibile al nemico e di permettere così sortite improvvise da parte dei difensori o, alla peggio, di disporre di più piattaforme per il lancio di dardi[47]. In questo quadro "tattico", lo studioso motiva la presenza all'interno della corte interna di un vano rettangolare di 7.25 x 14.00 m realizzato in mattoni crudi e dotato di scale per accedere ai piani superiori del migdol e alla sommità della cinta muraria[48].

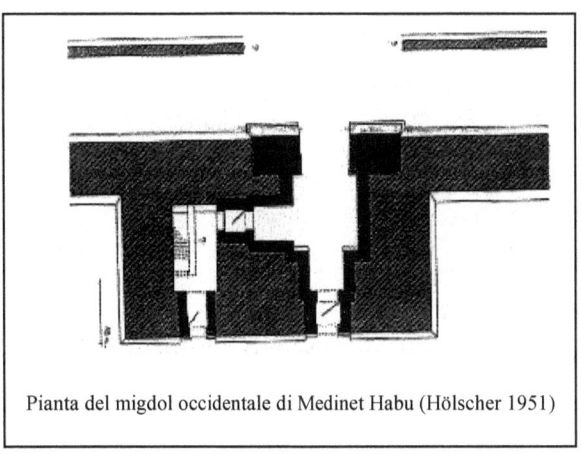

Pianta del migdol occidentale di Medinet Habu (Hölscher 1951)

A prescindere dalle implicazioni di natura militare che qui sollevano non poche perplessità, data la presenza di due accessi a livello del terreno rispetto a quello unico del migdol orientale, quel che appare interessante evidenziare è che questo vano si inserisce "stranamente" all'interno di un sistema di accessi realizzato interamente in arenaria sia perché non sembra avere continuità con l'accesso più interno della struttura[49], sia

---

[46] - Hölscher 1951, 8.

[47] - Hölscher 1951, 9.

[48] - Questa interpretazione sembra basarsi solo su una deduzione planimetrica da parte dello studioso, in quanto, alcun pilastro o sostegno risulta essere presente nel vano al fine di sostenere dei gradini per ascendere ai livelli superiori: Hölscher 1951, 9.

[49] - Infatti, anche ammettendo la presenza di scale all'interno del vano come suggerito da Hölscher

perché risulta troppo ampio per ricevere una copertura con volta a botte[50].

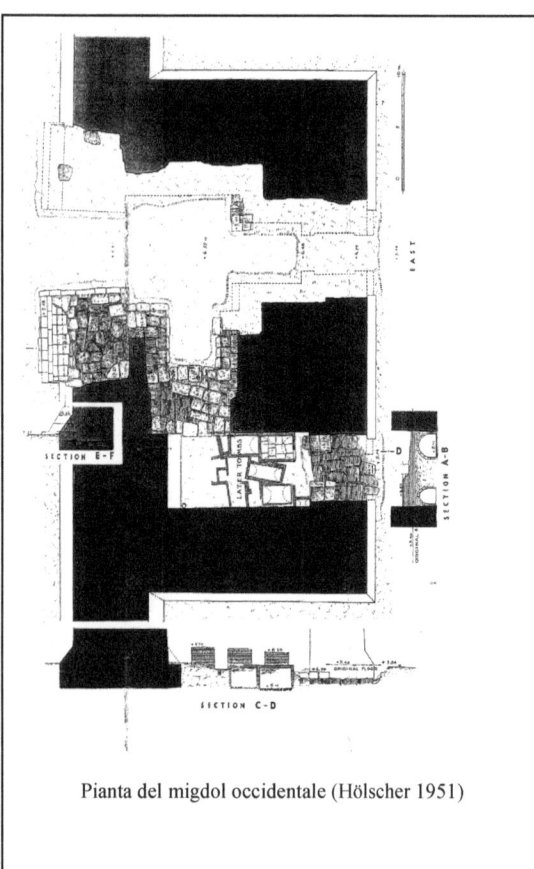

Pianta del migdol occidentale (Hölscher 1951)

Resti del vano interno del migdol occidentale (Cavillier)

(1951, 9) la base della scalinata avrebbe ostacolato il regolare afflusso verso l'accesso verso l'interno.

[50] - Nulla è emerso sulla copertura del vano: Hölscher 1951, 9.

Un terzo indizio sta nella possibile presenza di uno "zoccolo di raccordo" alla facciata esterna dei torrioni nella parete occidentale del vano che fa giustamente ipotizzare si tratti di un ambiente "a cielo aperto"[51].

Resti dello "zoccolo di raccordo" nel vano interno del migdol occidentale (Cavillier)

Una simile soluzione spiegherebbe l'idea di realizzare uno spazio "a monte" del primo accesso, utilizzabile sia per la raccolta delle truppe, sia quale idoneo luogo di "imboscata" a danni del nemico. Infatti, il percorso a "L" così ottenuto non solo obbliga gli assedianti ad agire in uno spazio angusto intervallato da accessi chiusi di larghezza non superiore ai 2 m[52], ma, soprattutto, ad esporsi maggiormente al tiro incrociato dei difensori posizionati più in alto. Inoltre, la particolare disposizione della struttura

---

[51] - Hölscher (1951, Pl.40 - Sez.C-D) ipotizza la presenza di un solo zoccolo sulla parete occidentale del vano, sebbene la costruzione di tombe in epoca tarda al suo interno ha probabilmente causato la distruzione di eventuali altre strutture similari sulle altre pareti.

[52] - È un'ipotesi che si basa sul "rapporto" dimensionale fra cinta muraria e torrioni d'accesso di Hölscher (1951, 9) ed è frutto di osservazioni su strutture non più osservabili *in situ*.

permetteva ai difensori di sfruttarne entrambi gli accessi per tentare sortite frontali e laterali ai danni del nemico; tale soluzione, del tutto nuova per l'arte militare ramesside, è invece ampiamente utilizzata in taluni contesti urbani del MBII in Siria-Palestina, come, ad esempio, quello di Megiddo[53].

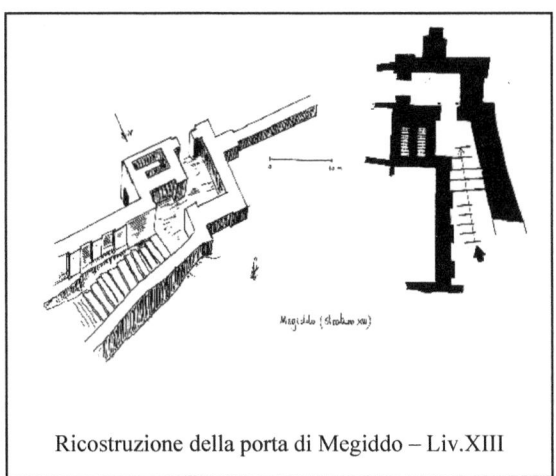

Ricostruzione della porta di Megiddo – Liv.XIII

Se tutto questo è vero, si profila all'orizzonte un importante ed innovativo *modus operandi* sull'assetto difensivo del complesso e questo ne fa giustamente intravedere la duplice funzione di tempio funerario e di insediamento fortificato. Tale considerazione trova debita conferma nel fatto che il complesso fu utilizzato come centro amministrativo e militare della tebaide fino alla fine della XX dinastia[54].

---

[53] - Un esempio di accesso con percorso a "L" del MBII è visibile nell'accesso del livello XIII di Megiddo: Yadin 1963, 68; Kempinski 1992, 133, fig.15.

[54] - Hölscher 1951, 11; Wente 1987; Grimal 1992; Niwinski 1995; Morris 2005.

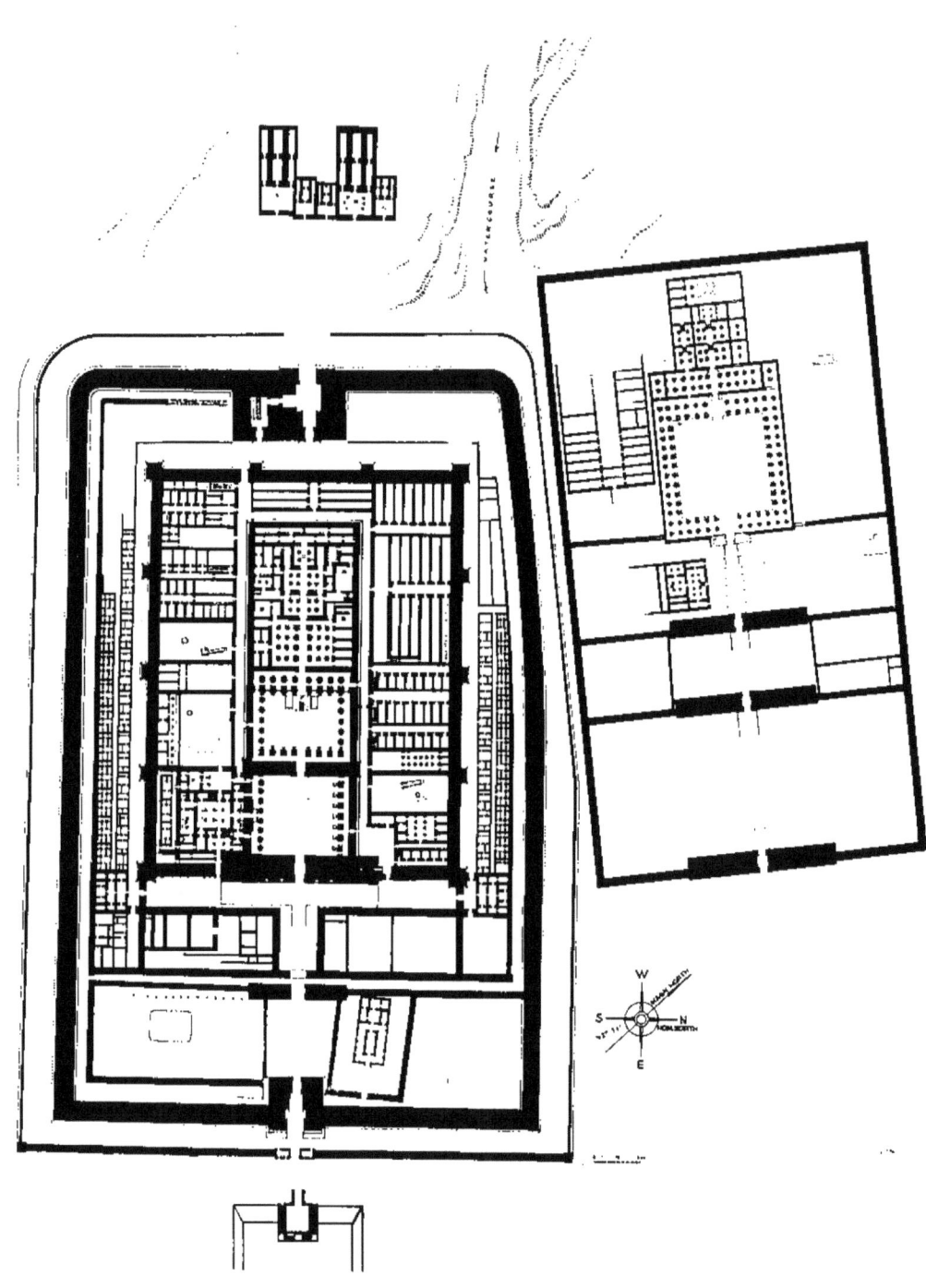

Fig.III.1 – Il complesso di Medinet Habu (Hölscher 1951, fig.1)

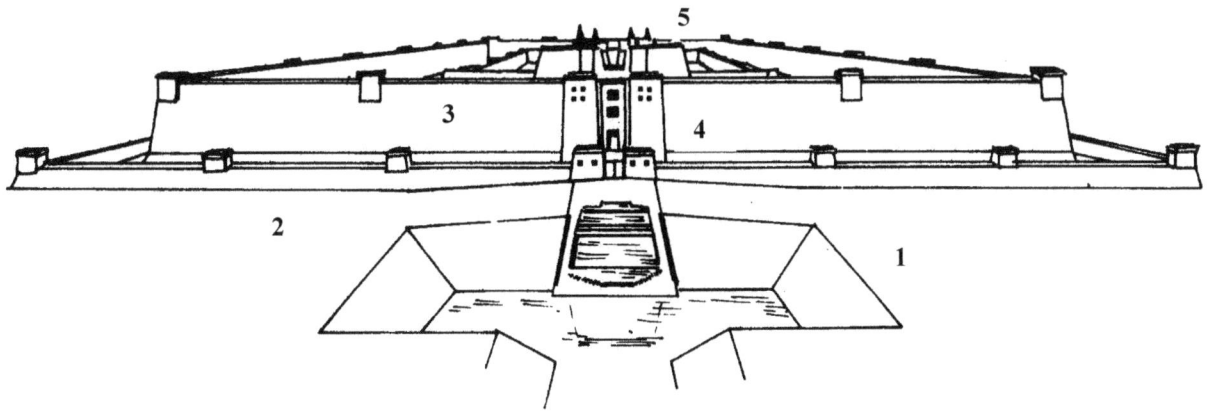

Fig.III.2 – Ricostruzione vista frontale del complesso di Medinet Habu (Grimal 1991)

Parti del complesso: 1. Approdo
2. Circuito esterno mura difensive
3. Circuito interno mura difensive
4. Migdol
5. Tempio funerario

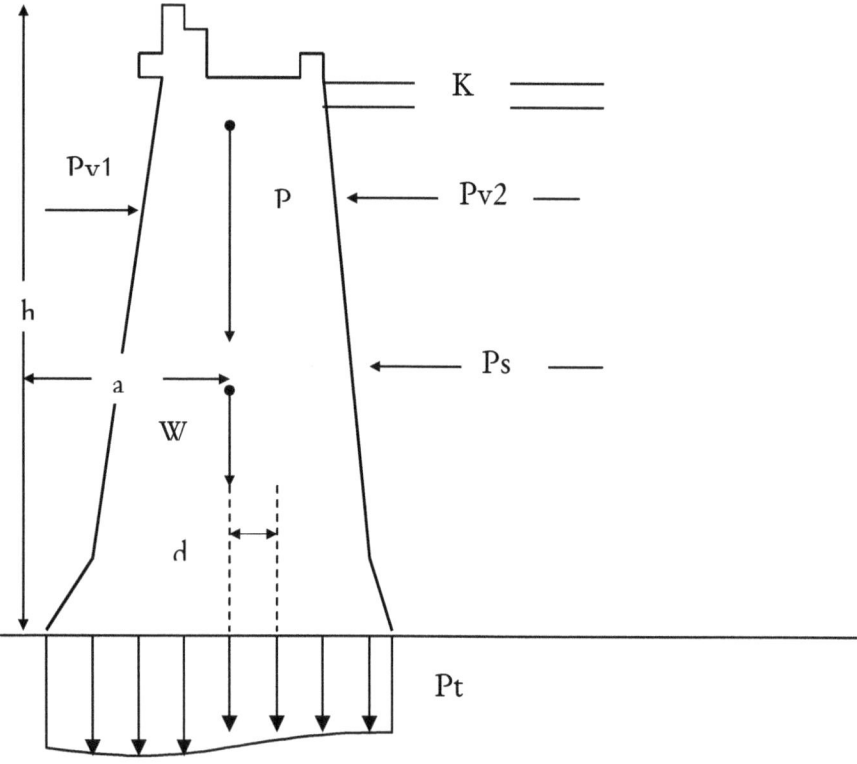

Fig.III.3 – Schema delle principali sollecitazioni gravanti su di una struttura muraria simile a quella di Medinet Habu

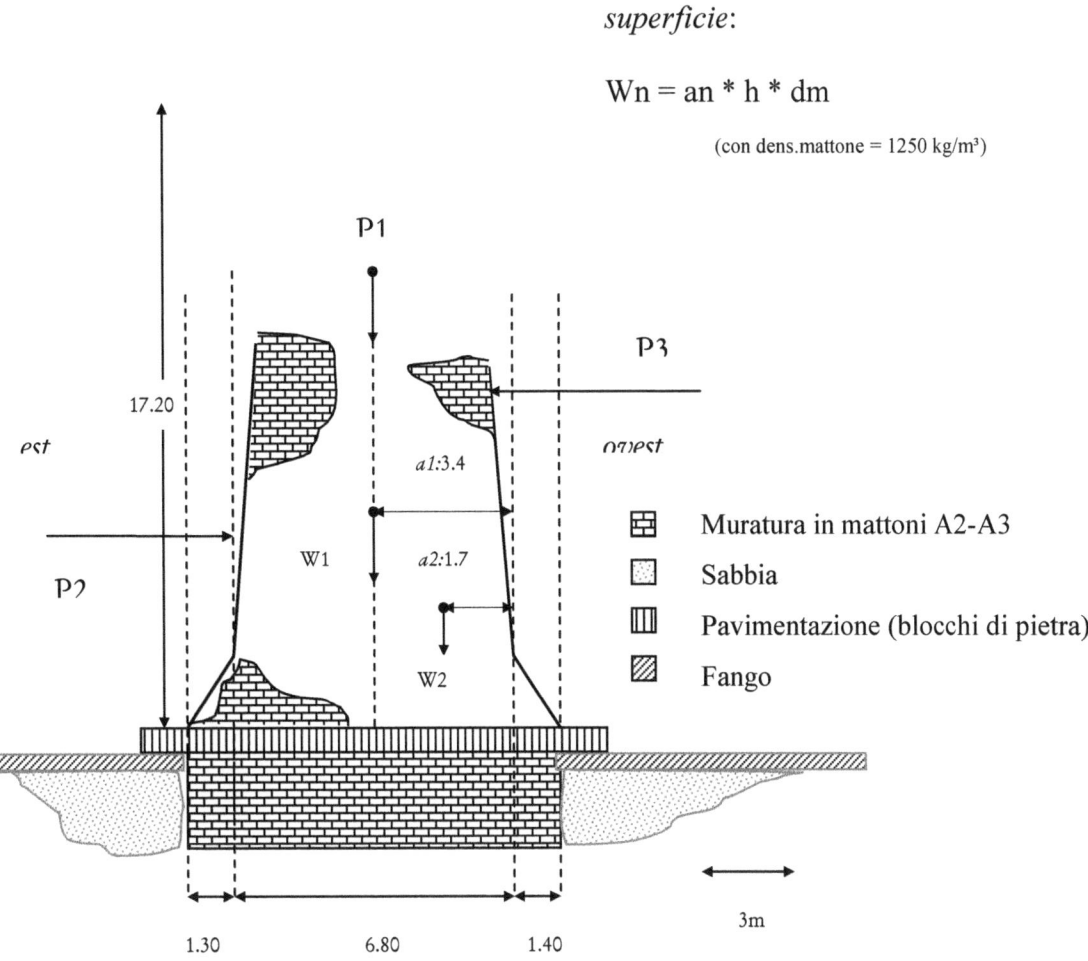

Fig.III.4 – Comportamento delle forze nella sezione 1 T-U5 del "Girdle Wall" di Medinet Habu

1 Cinta muraria addossata al Migdol
2 Rampa di accesso al secondo livello
3 Ingresso al migdol
4 Finestra-apertura
5 Volte
6 Merlatura con aggetto
7 Gradini di accesso alla sommità della torre

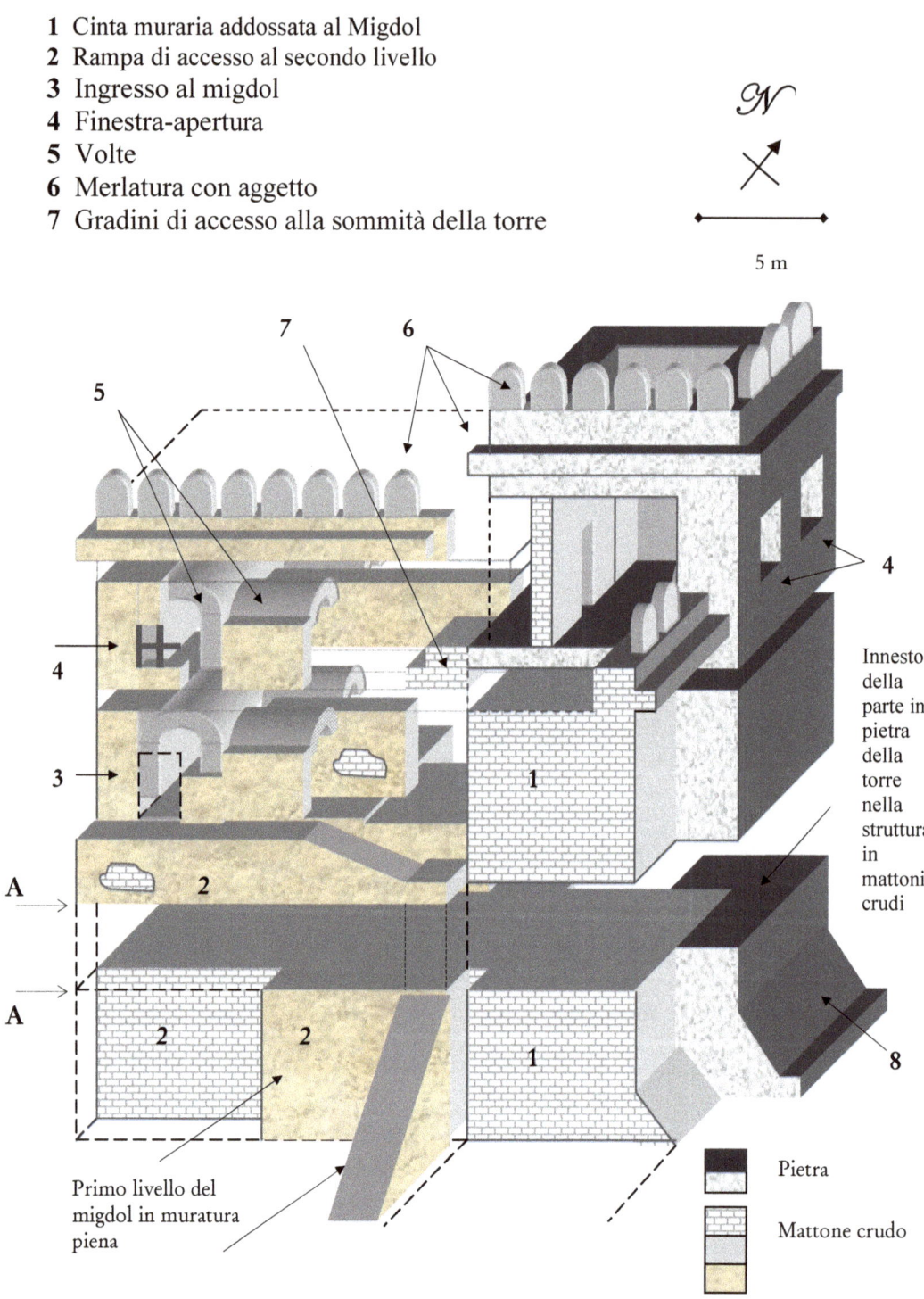

Fig.III.5 – Ricostruzione dell'alzato della torre sud del Migdol orientale di Medinet Habu

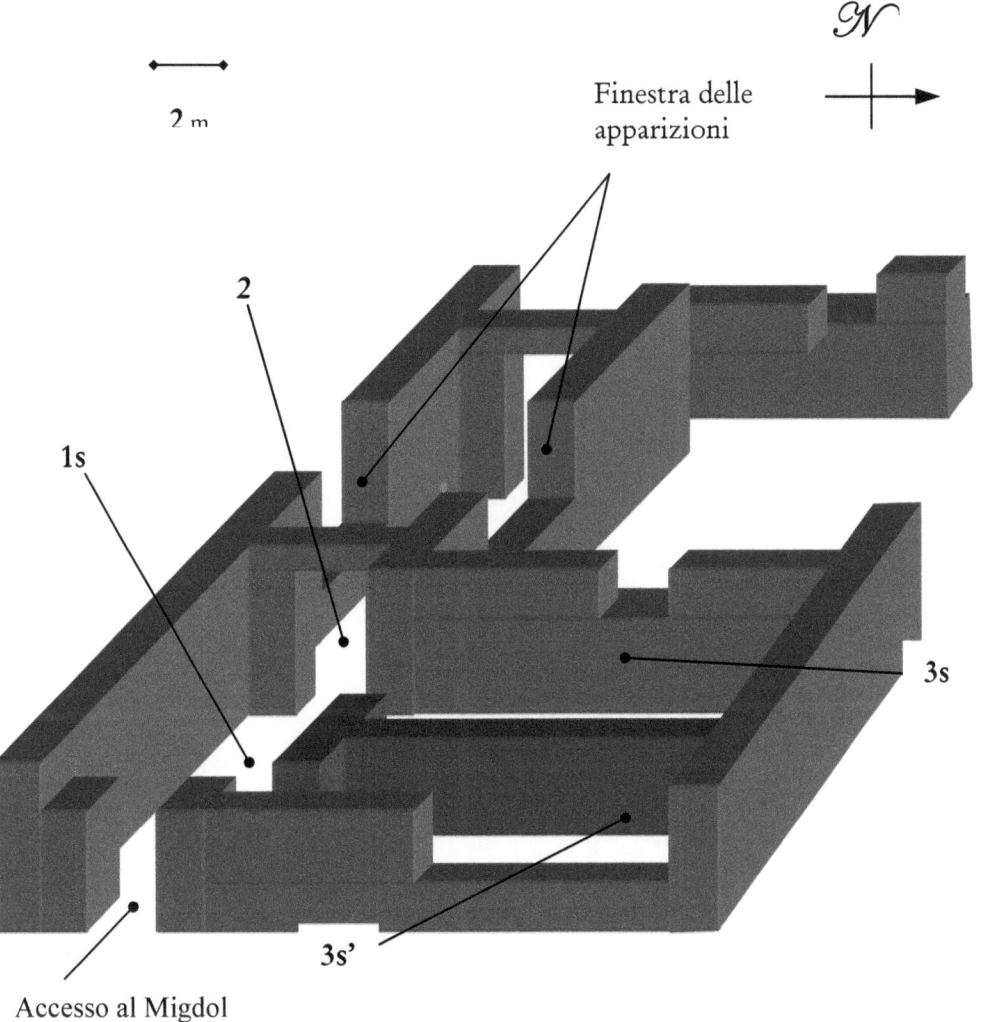

Fig.III.6 – Distribuzione dei vani nell'ala S e parte centrale dello Stratum II del migdol orientale di Medinet Habu

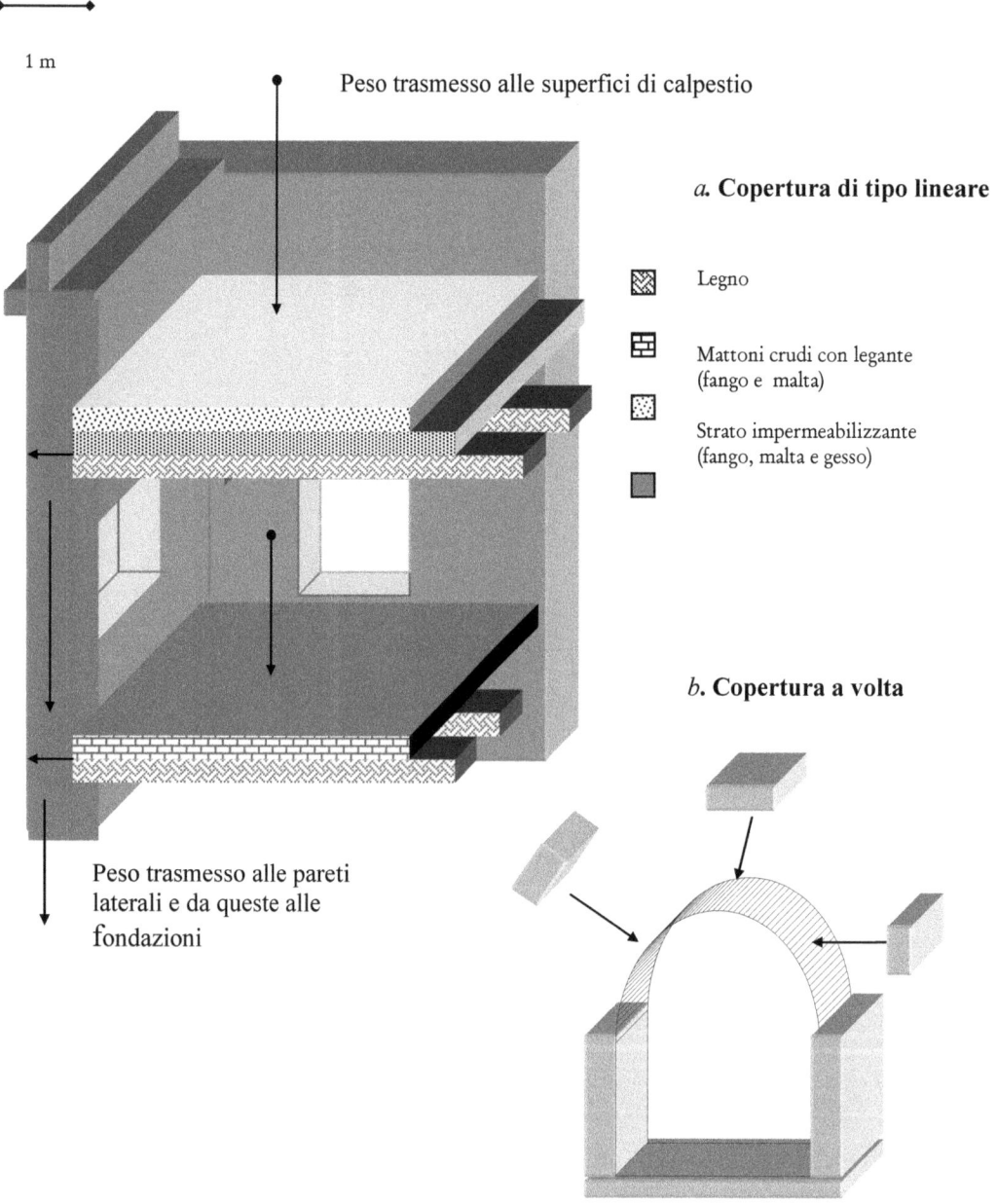

Fig.III.7 – Sistema di copertura del Migdol orientale di Medinet Habu

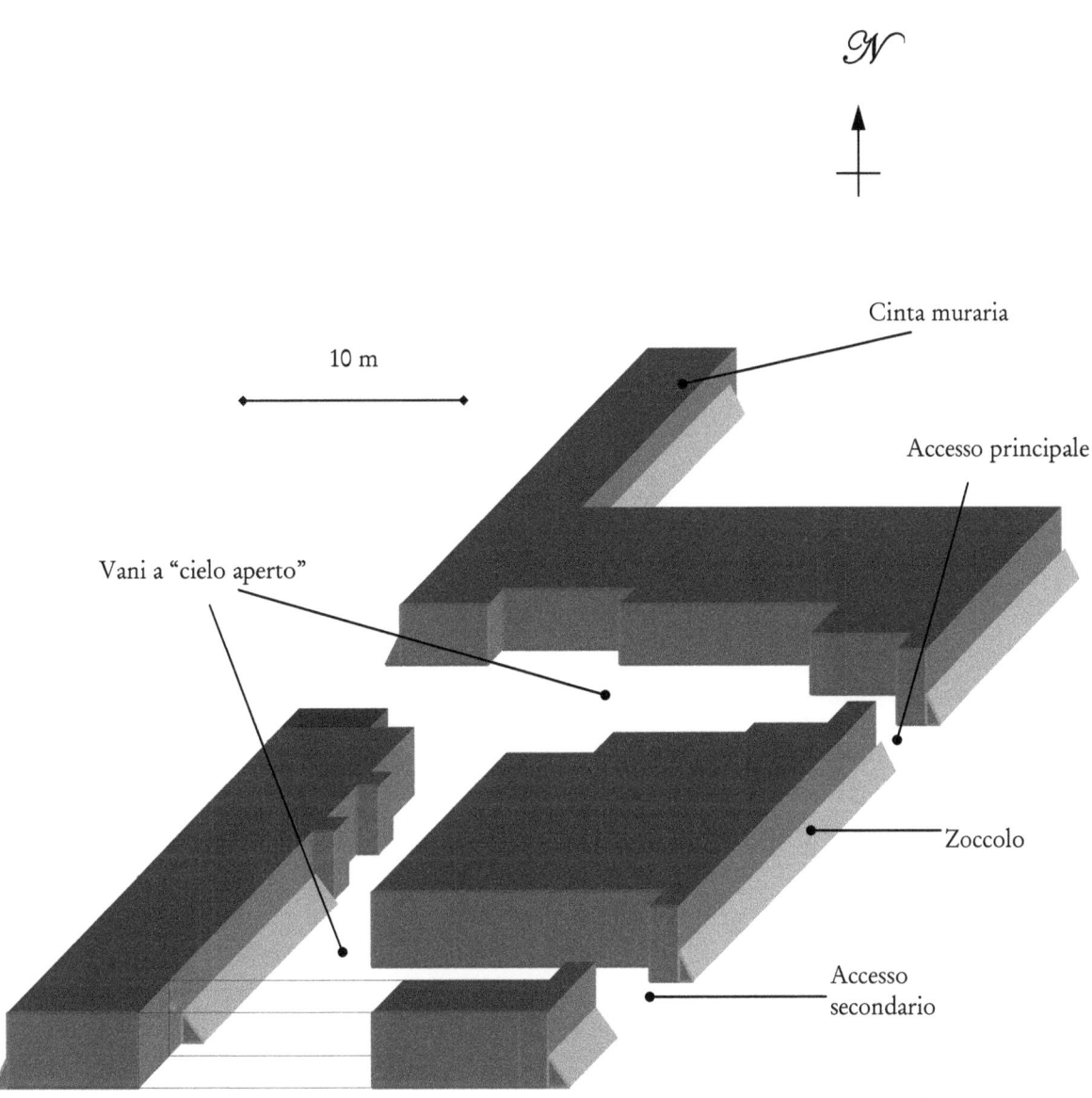

Fig.III.8 – Assonometria del Migdol occidentale di Medinet Habu

PARTE QUARTA

I MIGDOL DI RAMESSE III FRA ORIGINALITÀ ED INFLUSSI ASIATICI

PARTE QUARTA

I MIGDOL DI RAMESSE III FRA ORIGINALITÀ ED INFLUSSI ASIATICI

Partiamo quindi dal postulato che il modello egiziano tragga ispirazione da coeve strutture siro-palestinesi. Nell'epoca di nostro interesse, i siti che ancora si avvalgono di questo accesso fortificato sono:

a. Alalakh
b. Karkemish ("Water Gate" e porta S)
c. Shechem (porta NW)
d. Hazor – Area k

L'accorgimento tecnico comune a tutti questi complessi resta indubbiamente la presenza di fondazioni in pietra su cui si erge la struttura in mattoni crudi. La stabilità dell'intera struttura si basa prevalentemente sulle capacità di resistenza della pietra, garantita ulteriormente dalla presenza di strati di sabbia, *qurqâr* e fango livellati, battuti e poi compattati tramite un rivestimento di malta su cui andare ad innestare gli ortostati. In questo modo, si conferisce all'accesso una elevata resistenza ai carichi sopraelevati e un'adeguata solidità alle fondazioni alla quale concorrono i terrapieni e i pendii addossati alle mura[1].

Il "castello" asiatico non è solo una struttura dotata di torri a "sviluppo interno" che sfrutta l'accesso a tre contrafforti del Medio Bronzo siriano, ma è un organismo legato agli altri elementi difensivi (come i fossati, i bastioni e le torri aggettanti su tutto il circuito murario e talvolta le stesse mura a casematte) in grado di far "vivere" e "funzionare" i suoi elementi costitutivi in sintonia con le mutazioni che l'arte della guerra e il momento storico di volta in volta impongono[2]. Il vanto del migdol asiatico, in questo particolare momento, non appare dettato tanto dalla sua funzione di "modello" architettonico, quanto dal suo ruolo unificante di tutte le precedenti esperienze costruttive. Questo spiega perché la funzione difensiva del migdol è assicurata anche quando, per varie esigenze di natura propagandistica, si tende ad ampliare la monumentalità della corte esterna.

È quello che si intravede a Karkemish nella porta meridionale, nella porta occidentale (cinta esterna) e nella porta della cittadella[3] ove i due

---

[1] - Si tratta di accorgimenti indispensabili per eludere eventuali azioni di penetrazione attraverso e al di sotto delle mura e che svolgono anche l'importante compito di meglio distribuire il peso sulle fondazioni: Kempinski 1992, 129-132,135 nota 28; Wright 1985. Sulle tecniche ossidionali dei testi di Mari ed Hattusa: Dossin 1950: Lettera 131; Jean 1950: Lettera 7; Matthiae 1992, 224; Durand 1997-2000.

[2] - Herzog 1976a; Wright 1985.

[3] - Naumann 1971, 296, fig.391, 393 e 406. Qui il gioco strutturale ruota sull'effetto di imponenza garantito dalla parte aggettante dei torrioni che danno luogo ad una corte ad imbuto ma scandita dalle "false torri". Questa soluzione appare per la prima volta nel MB a Qatna (Porta orientale) ma dopo l'epoca di nostro interesse è riscontrabile a Zinçirli (Porta della cittadella) e verosimilmente ad Assur (Porta *Gugurri* e Porta occidentale) e Tell Halaf (Porta meridionale e Porta dello scorpione).

imponenti torrioni a più livelli, oltre a contare sull'efficace sistema di passaggi interni sia dalla cinta muraria sia dal piano di spiccato, tendono sensibilmente ad un aggetto verso l'esterno ampliando notevolmente l'impressione non di un compatto blocco strutturale, bensì di una serie di bastioni a protezione dell'unico accesso.

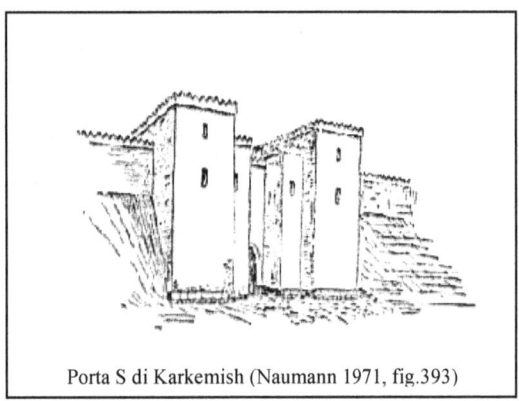

Porta S di Karkemish (Naumann 1971, fig.393)

Certo, come per tutte le altre strutture d'accesso asiatiche, anche a Karkemish vige il principio di non realizzare portali a cielo aperto, sia per un risparmio nella realizzazione del blocco centrale in cui posizionare l'ingresso, sia per una maggiore disponibilità di spazio ricavabile in elevato ed una maggiore stabilità dell'intera struttura.

Questa è la principale motivazione per cui i migdol di Ramesse III di Medinet Habu (in particolare quello orientale) appare più imponente rispetto a quelli siro-palestinesi, ma ciò è dettato solo da una mera questione di prospettiva: i torrioni egizi non appaiono in pianta così superiori né in dimensioni, né in aggetto a quelli asiatici (Tabella IV.1).

Lo stesso dicasi per l'ampia corte che a Medinet Habu ha migliori possibilità di "respirare" e di illudere sulla sua effettiva ampiezza. Per i costruttori egizi non si pone, dunque, il problema di dover restringere il passaggio interno del migdol allorquando si tende ad una maggiore monumentalità dell'intero complesso come, invece, è ben visibile nelle strutture asiatiche.

Se i torrioni egiziani hanno un aggetto "falsato" dalla presenza degli zoccoli "allungati" (dato che la stabilità dell'intero complesso non prevede l'uso di copertura per la corte), quelli asiatici tendono ad avere un aggetto ben più "reale" proprio per aumentare la stabilità delle strutture portanti e reagire alla pressione esercitata dalla cinta muraria addossata.

La disposizione dei vani interni dei torrioni si traduce poi nell'azione delle pareti orizzontali che tendono ad agevolare il lavoro di quelle più esterne in modo da centrare i carichi verticali provenienti dai piani superiori senza dover necessariamente gravare ulteriormente sui contrafforti che si affacciano nella corte.

Questa soluzione, tradotta in termini di statica, si traduce quindi nel tentativo da parte dei costruttori siriani di eludere eventuali eccentricità delle reazioni di appoggio dei carichi d'alzato proprio nei punti di maggior sollecitazione: i contrafforti interni alla corte che supportano i piani superiori e i punti di innesto della cinta muraria.

Ora, se nel primo caso la stabilità d'insieme viene garantita spostando il baricentro sui torrioni e, da qui, si comprende l'esigenza di restringere il passaggio interno, nel secondo caso, si tende a seguire due soluzioni: utilizzare una cinta muraria

Kastenmauer[4] o in muratura "piena"[5]. Dal punto di vista statico, è chiaro che l'efficacia della seconda soluzione sta dunque o nel disporre di massicce strutture "piene"[6] o nel "consolidare" ulteriormente la parete esterna dei torrioni che porta inevitabilmente ad una «saturazione» dei vani interni. Su questa linea progettuale, ben si inserisce una variante che finisce per risolvere il problema: è infatti sufficiente aumentare lo spessore delle facciate "a vista" dei torrioni che ora formano un unico corpo con la cinta muraria, su cui far gravare il maggior peso dell'intera struttura.

Questa «razionalizzazione» progettuale deve attuarsi tenendo conto sia delle precedenti esperienze (si tratta pur sempre di un "accesso a tre contrafforti") sia di un necessario «snellimento» della parte interna del complesso. E quel che accade nella porta meridionale e occidentale di Karkemish nella quale la notevole ampiezza di luce ottenuta nei vani interni rispetto all'esiguità della larghezza delle pareti dei torrioni viene ingegnosamente bilanciata ampliandone lo spessore dell'aggetto.

Anche sul piano della stabilità, la pressione esercitata dalla cinta muraria viene ingegnosamente contenuta addossando alle pareti interne dei torrioni che danno sulla corte esterna, due torri massicce di minor spessore ed altezza che creano quell'effetto di profondità già visto a Medinet Habu[7].

Si capisce benissimo come le esperienze asiatiche fungono, di fatto, da «materiale» utile per l'attività edilizia di Ramesse III a Medinet Habu, sebbene subentri poi l'autorevole dubbio per noi di distinguere l'elemento autoctono da quello «estraneo». Nel concreto, la realizzazione del "castello" di Medinet Habu è mossa da evidenti scopi rituali e propagandistici e mette in opera una varietà di elementi sia "stranieri" (torrioni aggettanti ed effetto di profondità degli stessi, "vani ciechi", utilizzo dei blocchi di pietra sulle facciate a vista del complesso, blocchi per innesto delle porte di tipo circolari, torrette "cavalieri", machicolazioni e fossati), sia "autoctoni" (finestre delle apparizioni ed aperture sulle torri, tipologia e struttura delle fondazioni ed alzato, distribuzione e planimetria dei vani).

Così abilmente rielaborato questo "compromesso" non segna una rinuncia alle

---

[4] - Questa è la soluzione adottata in numerosi siti palestinesi del MBIIA-B come Hazor, Shechem e Yavneh-Yam e che ritroviamo poi utilizzata in maniera più imponente in Anatolia a Boğazköy, Alişar e Alaca Hüyük: Naumann 1971, 249-256, figg. 360-369; Herzog 1993.

[5] - Ritroviamo tale *modus operandi* in Palestina a Gezer (porta S) e, soprattutto, in Siria a Karkemish (ad eccezione della "watergate" in età neo-assira), Alalakh, Qatna, Tell Tuqan e Tell Mardikh e, in epoca successiva, a Zinçirli.

[6] - Nell'ambito di quest'ultimo schema, le soluzioni specifiche sono molteplici e non analizzabili nel dettaglio data ancora l'incertezza dei risultati di scavo disponibili; tuttavia, un esempio davvero illuminante è visibile nella porta SW (liv.IIIA) di Tell Mardikh: Matthiae 1992,146; Gregori 1986, 90. Qui il torrione orientale è stato appositamente realizzato in muratura piena al fine di "reggere" il rilevante peso della cinta muraria addossata. Sulle fortificazioni di Ebla: Matthiae 1997; 1998.

[7] - A Karkemish questa soluzione è presente solo nella porta meridionale: Naumann 1971, fig.391, 393, mentre quella occidentale sembra sfruttare la soluzione della falsa-porta che si intravede nella porta occidentale di Medinet Habu (Hölscher 1975, 6), senza contare poi il fatto che i mattoni di argilla cruda utilizzati a Karkemish (42 x 21 x 13 cm) quasi coincidono con quelli egiziani (43 x 20 x 14 cm).

precedenti esperienze architettoniche ma si configura piuttosto come un arricchimento: il modo di costruire di Ramesse III rimane in sostanza egizio, quel che muta è invece il sistema dei valori di percezione della propria realtà difensiva che ora deve sopportare il peso delle influenze esterne.

Ciò che contraddistingue dunque questo apporto è proprio il carattere differenziato ma organicamente coerente degli elementi costitutivi dei *migdol* ramessidi atto forse a descrivere e a far comprendere la realtà architettonica del mondo circostante. Questa teoria ha i suoi meriti e il suo valore allorquando si asserisce che a Medinet Habu c'è un migdol inteso come "fortezza dotata di merlature"[8], ma non può essere protesa troppo avanti poiché è nel leggere le strutture in chiave semitica che si compie inevitabilmente una "forzatura" che i dati in nostro possesso non consentono. Infatti, le fonti testuali ed iconografiche ascrivibili al regno di Ramesse III e ai suoi successori non indicano la presenza a Medinet Habu di "migdol" inteso come castello di accesso ma solo di una struttura "di difficile accesso" ascritta ad un complesso funerario; tale definizione, per coerenza, non può del pari esser attribuita agli accessi di altri insediamenti coevi come Tell el-Retaba e Zawiyet Umm el-Rakham, indicati nelle fonti come *bxnw* e *nxtw*, anche se di essi agevolmente si continua a ritenerli dei migdol similari a quelli tebani[9].

Tale stato di cose, al di là di recenti audaci interpretazioni su di una lettura di migdol di Medinet Habu in chiave magico-simbolica[10] o sulle ipotesi derivanti dall'acclarata presenza di strutture abitative "proto-israelitiche" rinvenute *in situ*[11], nella sua limitatezza ci consente solo di ipotizzare che queste strutture siano in realtà il risultato di una efficace amalgama fra accorgimenti difensivi di stampo tradizionale e modelli di derivazione orientale, il cui lento sviluppo sembra essersi giovato delle soluzioni poste in essere a Zawiyet Umm el-Rakham e in altre fortezze del deserto libico, a Tell el-Retaba e a Kom el-Qulzoum.

Il fecondo apporto dei dati archeologici disponibili su questi complessi, contribuisce, per il momento, solo a gettar un po' di luce sul fenomeno, sebbene l'importanza dell'apporto asiatico sull'arte della fortificazione egizia in età ramesside sembra esser stata decisiva per innescare soluzioni innovative nell'arte della fortificazione.

In questo sta dunque l'importanza dei Migdol di Medinet Habu, attraverso il quale è possibile comprendere come quei fenomeni di interscambio

---

[8] - Aufrère, Golvin e Goyon 1997, I, 174.

[9] - Secondo Aufrère, Golvin e Goyon (1997, II, 169-170) a Zawiyet Umm el-Rakham "le lieu de culte est entouré d'une cinte dont on a pu retrouver deux portes fortifiées à façon du migdol de Médinet Habu".

[10] - Si tratta di "Sexualized Architecture" degli accessi di Medinet Habu" di Janosi (2005)

[11] - Si veda, ad esempio, la struttura definita da Bietak (1991; 2000) "Four-room house" (Holladay 1997) e scoperta da Hölscher (1939, pp.68-72, fig.59) nel *temenos* del tempio di Ay e Horemheb adiacente al complesso di Ramesse III che, al di là dell'ipotesi della presenza di Israeliti o Proto-Israeliti nella Tebaide nella XX dinastia e di relative congetture sull'esodo biblico, testimonia, invero, questo processo di acquisizione ed elaborazione di modelli culturali di diversa provenienza e tradizione.

culturale, frutto delle conquiste militari dei faraoni e dei rapporti diplomatici fra l'Egitto e il Vicino Oriente, abbiano in parte condizionato l'accoglimento, la repulsione e la rielaborazione da parte egiziana delle soluzioni architettoniche e dei modelli difensivi "stranieri" andando così ad ampliare e perfezionare l'impianto delle precedenti esperienze.

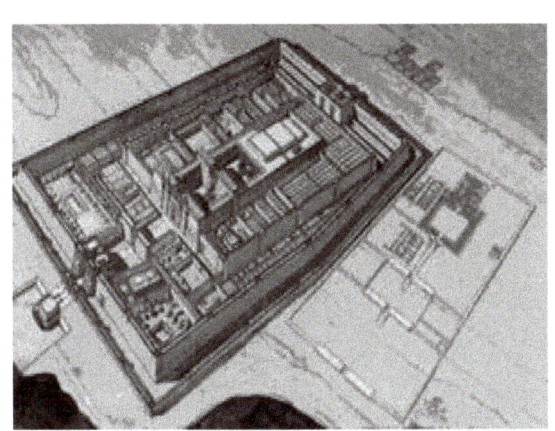 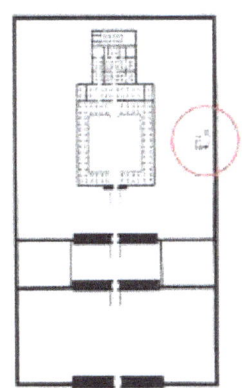 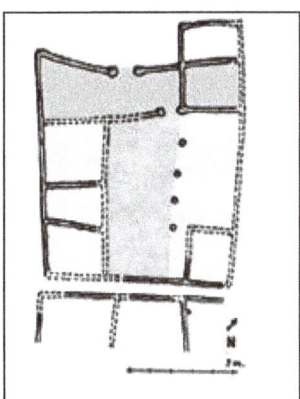

Ubicazione e pianta della "four-room house" del tempio di Horemheb a Medinet Habu (Bietak 2000) in nota 129.

Sito	**Torrioni**			*Corte*		
	Lunghezza	**Larghezza**	Aggetto	**Lunghezza**	**Larghezza**	**Accessi**
Medinet Habu E	20.00	8	2.50	4.30-4.50-7.10	8-9.2-3.8	2.50
Hazor (XIII-IB/A)	18.40	6.60	2.50–4.80	1.50-4.00	7.50	3.20
Shechem NW	18.50	5.00-5.50	4.00-5.00	2.50-4.50	7.20	2.80
Alalakh NE	19.50	9.40	-	1.00-3.10	5.00	2.80
Karkemish S	22.50	9.50-11.00	2.50	1.80^1-4.80^2-4.00	12.50^1-6.50^2-21.00	4.00
Karkemish (Watergate)	23.50	8.00-8.50	-	3.50–4.50–4.00	6.50-7.00	3.50
Karkemish W	18.00	8.00-11.00	4.00	10.00-22.50	4.50-3.50	3.80

n^n = n. di vano interno

Tabella IV.1 – Rapporto dimensionale fra l'accesso di Medinet Habu e le strutture siro-palestinesi.

Migdol: Ricerche su modelli di architettura militare di età ramesside

DOCUMENTAZIONE FOTOGRAFICA

Foto 1– Accesso (migdol orientale) del complesso di Medinet Habu (Cavillier)

Foto 2 – Part. cortina esterna delle mura del complesso di Medinet Habu (Cavillier)

Foto 3 – Part. cortina esterna delle mura del complesso di Medinet Habu (Cavillier)

Foto 4 – Facciata esterna del migdol orientale di Medinet Habu (Cavillier)

Foto 5 – Corridoio del migdol orientale di Medinet Habu (Cavillier)

Foto 6 – Bastione destro del migdol orientale di Medinet Habu (Cavillier)

Documentazione fotografica

Foto 7 – Bastione sinistro del migdol orientale di Medinet Habu (Cavillier)

Foto 8 – Facciata interna del migdol orientale di Medinet Habu - lato sinistro (Cavillier)

Foto 9 – Facciata interna del migdol orientale di Medinet Habu – lato destro (Cavillier)

Foto 9 – Migdol orientale di Medinet Habu – profilo laterale destro (Cavillier)

Foto 10 – Migdol orientale di Medinet Habu – part. finestra III livello torrione (Cavillier)

Foto 11 – Facciata interna torrione del migdol orientale di Medinet Habu (Cavillier)

Foto 12-13 – Resti del vano di accesso del migdol occidentale di Medinet Habu (Cavillier)

Foto 14-15 – Resti della pavimentazione del migdol occidentale di Medinet Habu (Cavillier)

Foto 16-17 – Resti del torrione sinistro del migdol occidentale di Medinet Habu (Cavillier)

Foto 18-19 – Vano interno del migdol occidentale di Medinet Habu (Cavillier)

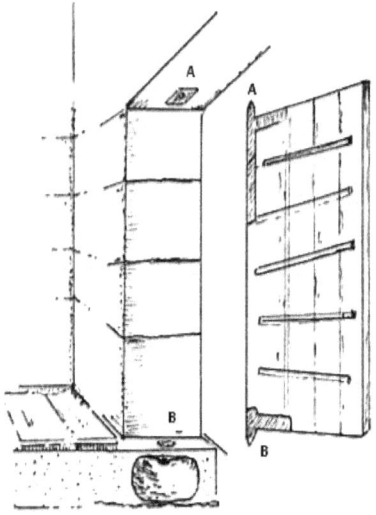

IPOTETICO SISTEMA DI CHIUSURA DELL'ACCESSO DEL MIGDOL ORIENTALE

Foto 20 – Ricostruzione ipotetica del funzionamento dell'innesto della porta del migdol occidentale di Medinet Habu (Cavillier)

Foto 21-22 – Part. circuito murario del migdol occidentale di Medinet Habu (Cavillier)

Documentazione fotografica

Foto 23-24 – Resti di blocchi nella corte esterna del migdol occidentale di Medinet Habu (Cavillier)

BIBLIOGRAFIA

Abbreviazioni

ÄAT - Ägypten und Alten Testament
ABA – Annales of Bliblical Archaology
AEO – A.H.Gardiner, *Ancient Egyptian Onomastica* (Oxford 1947)
ANET - J. B. Pritchard *Ancient Near Eastern Texts relating to the Old Testament* (Princeton 1955)
ARE - J. H. Breasted *Ancient Record of Egypt* III (Chicago 1906)
ASAE – Annales du Service des Antiquités de l'Égypte
ATLAS - W. Wreszinski *Atlas zur Altägyptischen Kulturgeschichte* II (Leipzig 1935)
BA - Biblical Archaeology
BASOR - Bulletin of the American Schools of Oriental Research
BAR - Biblical Archaeology Review
BIFAO - Bulletin de l'Institut Française d'Archèologie Orientale
CAD – Chicago Assyrian Dictionary
Cd'E - Chronique d'Egypte
CRAI - Comptes Rendus de l'Académie des Inscriptions
CRIPEL – Cahiers de Recherches de l'Institut de Papyrologie et Égyptologie de Lille
DA - Dossièrs d'Archéologie
DE – Discussion in Egyptology
EA – J.A.Knudtzon, *Die El-Amarna Talfeln* (Leipzig 1915)
EAEHL - Encyclopedia of Archaeology Excavations in the Holy Land (Jerusalem 1976-88)
EI - Eretz Israel
ESI - Excavations Israel Survey
GM - Göttingen Miszellen
HÄB – Hildescheimer ägyptologische Beiträge (Hildesheim)
HdO - Handbook der Orientalistik
IEJ - Israel Exploration Journal
JARCE - Journal of the American Research Center in Egypt
JAOS – Journal of the American Oriental Society
JEA - Journal of the Egyptian Archaeology
JNES - Journal of Near Eastern Studies
JSS – Journal of Semitic Studies
JSSEA - Journal of Semitic Studies Eastern Archaeology
KRI - K.A.Kitchen, *Ramesside Inscriptions, Historical and Bibliographical* (Oxford 1968-1999)
LÄ – *Lexikon der Ägyptologie* (Wiesbaden 1975-1987)
NEAEHL - The New Encyclopedia of Archaeology Excavations in the Holy Land (Jerusalem 1993)
OEANE - The Oxford Encyclopedia of Archaeology in Near East
OINN – The Oriental Institute of Chicago Note and News
OIP - The Oriental Institute of Chicago Publications
Or – Orientalia
PEFQS – Palestine Exploration Found Quarterly Statement
PEQ - Palestine Exploration Quarterly
PJM - Pubblications of Jaffa Museum
RA – Revue d'Assyriologie
RdÉ – Revue d'Égyptologie
RIK – Reliefs and Inscriptions at Karnak of OIC - Epigraphic Survey, *The Battle Reliefs of King Sethy I* (Chicago 1986)
RITA – K.A.Kitchen, *Ramessides Inscriptions Translated & Annotated,* I (Oxford 1993)
RLA – Reallexicon der Assyriologie (New York - 1957-71)

RSO – Rivista degli Studi Orientali
RT – Recueil de Travaux
SAM – Sheffield Archaeological Monographs
SMS - Syro-mesopotamian Studies
TA - Tel Aviv
Urk - *Urkunden des ägyptischen Altertums* (Leipzig, 1932-1961), 8 volumi
VT – Vetus Testamentum
Wb – Erman and Grapow, *Wörterbuch der ägyptischen Sprache* (Berlin-Leipzig)
ZÄS - Zeischrift für ägyptische Sprache und Altertumskunde
ZDPV - Zeischrift des deutschen Palästina-Vereins

Bibliografia

Abd el-Maksoud M.
1988 - "Excavations on the Ways of Horus" in CRIPEL 10, pp.40-47 e pp.97-103;
1998a - *Tell Heboua 1981-1991 - Enquête Archéologique sur la Deuxième Période Intermédiaire et le Nouvel Empire à l'extrémité orientale du Delta* (Ed. Recherches sur les Civilisations - Paris);
1998b - "Tjarou porte de l'Orient" in D.Valbelle, *Le Sinai* (Paris), pp.61-65

Abel F.M.
1935-1938 – *Melanges Maspero I (LXVI)* – (Cairo)

Aharoni I.
1959 – "Zephath of Thutmose", IEJ 9, 110-122;
1967 – "Forenners of the Limes: IA Fortresses in the Negev", IEJ 17, pp.1-17;
1979 – *The Land of the Bible, A Historical Geography* (Philadelphia)

Ahituv S.
1978 - "Economic Factors in the Egyptian Conquest of Canaan", IEJ 28, pp.93-105
1979 – *The Egyptian Topographical Lists Relating to the History of Palestine in the Biblical Period* (Jerusalem);
1984 - *Canaanite Toponyms in Ancient Egyptian Documents* (Jerusalem – Leiden)

Albright W.F.
1941 – "New Egyptian data in Palestine in the Patriarchal Age", BASOR 81, pp.16-21

Albright W.F. e Lambdin T.O.
1957 – "New material for the egyptian syllabic orthography", JSS 2, p.123

Arnold D.
1991 – *Building in Egypt* (New York)

Assaf A.A.
1997 - "Syria", OEANE, pp.131-134

Aufrère S. Golvin J.Cl. Goyon Cl.
1997 - *L'Egypte Restituée* Tome II (Paris)

AA.VV.
1976a - "Voûte" in *Dict. Illustré Multilingue de l'Architecture du Proche Orient Ancien* (Lione), p.175

1976b - "Migdol" in *Dict. Illustré Multilingue de l'Architecture du Proche Orient Ancien* (Lione), p.117
1996 - "*Arco*" in *Dizionario dei termini d'Architettura* (Milano)
2000 - "Stabilità dell'equilibrio delle strutture" in *Manuale di Ingegneria civile* (Milano) ESAC vol.II;

Badawy A.
1968 - *A Hystory of Egyptian Architecture, The Empire or New Kingdom* (Los Angeles);

Banning E.B.
1992 – "Towers" in *The Anchor Bible Dictionary* VI (New York), pp.622-24

Bar-Adon P.
1972 – "The Judean Desert and the Plain of Jericho" in M.Kochavi, *Judaea, Samaria and the Golan: Archaeological Survey 1967-1968* (Jerusalem)

Bietak M.
1991 – "An Iron Age Four-Room House in Ramesside Egypt", EI 23 (1991), 10-12
1996 - *Avaris: The Capital of the Hyksos - Recent Excavations at Tell el-Daba'* (Londra)
1999 - *Tell el-Daba'* (Vienna)
2000 – "Der Aufenhalt '#145; Israels' in Ägypten und der Zeitpunkt der 'Landnahme' aus heutiger archäologischer Sicht" in *Egypt and the Levant* 10, pp.179-186.
2002 - *Tell el-Daba'* - Ägypten und Levante XI (Vienna)

Biran A.
1974 -
1980 – "Two Discoveries at Tel Dan", IEJ 30, pp.89-91
1984 – "Tel Dan", IEJ 34, pp.12-13
1993 – "Tel Dan", NEAEHL, pp.323-332

Blackman A.M.
1937 - "Amarah West", JEA 23, p.146

Broadhurst C.
1989 – "An Artistic Interpretation of Sety I's War Reliefs", JARCE 75, pp.229-234

Buccellati S.
1997 - "Syria", OEANE, pp.123-131

Bunimovitz S.
1992 - "The Middle Bronze Age Fortifications in Palestine as a Social Phenomenon", TA 19, pp.221-234
1995 – "On the Edge of Empires – Late Bronze Age (1500-1200 B.C.E.)" in T.E.Levy, *The Archaeology of Society in Holy Land* (London), pp.88-101

Cairoli Giuliani F.
1990 - *Edilizia nell'antichità* (Roma), cap.3.2.1, p.71.

Cavillier C.
1998 - "Some Notes about Thel", GM 166, pp.9-10
2001a - "Reconsidering the Site of Tjarw (once again)", GM 180, pp.39-42;
2001b - "The Ancient Military Road Between Egypt and Palestine Reconsidered: A Reassessment", GM 185 (2001), pp.23-33;

2001c - *Il faraone guerriero: I faraoni del Nuovo Regno alla conquista dell'Asia tra mito, strategia bellica e realtà archeologica* (Torino);
2002a - "L'esercito, le armi e le fortificazioni" in *La Battaglia di Qadesh: Ramesse II contro gli Ittiti per la conquista della Siria* – Catalogo della mostra Museo Archeologico di Firenze (Livorno), pp.40-43;
2002b – "Il "Migdol" nel P.Cair.31169: Riflessioni e ricerche su di un modello di architettura militare di epoca tarda" in Atti dell' VIII Conferenza Internazionale di Studi Demotici (Würzburg, 27-30 agosto 2002) in corso di stampa;
2003 – *Tuthmosi III: Immagine e strategia di un condottiero* (Torino)
2004 - "Il Migdol di Ramesse III Medinet Habu fra originalità e influssi asiatici", *Syria* 81 (2004), pp.57-80.
2006a - "Alcune osservazioni sull'architettura militare ramesside in Nubia" in Roccati A. – Caneva I.
Acta Nubica Proceedings of X International Congress of Nubian Studies (Roma) n.17
2006b - *La Battaglia di Qadesh: Ramesse II alla conquista dell'Asia* (Torino)

Clarke S. e Engelbach R.
1930 - *Ancient Egyptian Construction and Architecture* (New York)

Clédat J.
1920 - "Notes Sur l'Istme de Suez: XV – Anbou-Heq = Zarou", BIFAO 17, pp.167-197

Der Manuelian P.
1987 – *Studies in the Reign of Amenhophis II* - HÄB 26, pp.56-83

Dever W.G.
1993 - "Gezer", NEAEHL , pp.496-506
1997 - "Gezer", OEANE, pp.396-400

Dossin G.
1950 - *Arch. Royale. de Mari* I (Paris)

Dothan T.
1979-80 – "Notes and News", IEJ 31, pp.126-27

Du Mesnil C.
1927 - *Ruines d'El-Mishrifé* (Paris)
1928 - *Ruines d'El-Mishrifé* (Paris)
1935 - *Le Site Archéologique de Mishrifé-Qatna* (Paris)

Dunham D.
1967 - *Second Cataract Forts II* (Boston)

Durand J.M.
1997-2000 – *Les documents épistolaires du palais de Mari* (Paris)

Emery W.
1959 – "Preliminary Report on the Excavations at Buhen", Kush 7 (1959), pp.7-14
1960 – "Preliminary Report on the Excavations at Buhen (1958-59)", Kush, 8, pp.7-10
1961 – "Preliminary Report on the Excavations at Buhen (1959-60)", Kush, 9, pp.81-86
1962 – "Preliminary Report on the Excavations at Buhen (1960-61)", Kush 10, pp.106-108
1964 – "Preliminary Report on the Excavations at Buhen (1962-63)", Kush 12, pp.43-46

Fairman H.W.

1938 – "Preliminary Report on the Excavations at Sesebi (Sudla) and Amara West, Anglo-Egyptian Sudan, 1937-8", JEA 24, pp.151-55
1939 – "Preliminary Report on the Excavations at Amara West, Anglo-Egyptian Sudan, 1938-9", JEA 25, pp.139-44
1948 – "Preliminary Report on the Excavations at Amara West, Anglo-Egyptian Sudan, 1947-8", JEA 34, pp.3-11

Finkelstein I.
1992 - "Middle Bronze Age fortifications' Reflection of Social Organization and Political Formations", TA 19, pp.201-220
2000 – "Hazor XII-XI with an Addendum on Ben-Tor's dating of Hazor X-VII" in TA 27, pp.231-247
2002 – "The Campaign of Shoshenq I to Palestine: A Guide to the 10th Century BCE Polity" in ZDPV 118, pp.109-135

Finkelstein I. e Na'aman N.
1990 – *From Nomadism to Monarchy* (Jerusalem)

Finkelstein I. e Piasetzky E.
2006 – "The Iron I-IIA in the Highlands and Beyond: ^{14}C Anchors, Pottery Phases and the Shoshenq I Campaign", Levant 38, pp. 45-61

Fitzmyer J.A.
1962 – "The Padua Aramaic Papyrus Letters", JNES 21, pp.15-24

Frankfort H.
1954 - *The Art and Architecture of Near Orient* (London)

Frankfort H. e Pendlebury J.D.S.
1933 - *The City of Akhetaten II* (London)

Gal Z.
1993 – "Some Aspect of Road-Planning Between Egypt an Canaan" in M.Heltzer, A.Segal e D.Kaufman, *Studies in Archaeology and History of Ancient Israel in Honour of Moshe Dothan* (Haifa), pp.77-82

Gardiner A.H.
1920 - "The Ancient Military Road between Egypt and Palestine", JEA 6, pp.99-116

Gates M.H.C.
1981 - "Alalakh Levels VI and VI: a Chronological Reassessment", SMS 4.2. (Malibu)

Gauthier H.
1925-31 – *Dictionnaire des noms géographiques contenuts dans les texets hiérogliphiques* (Societé royale de géographie d'Égypte – Le Caire)

Giddi L.
1998 – "Notes and News", Egyptian Archaeology 12, p.29

Giveon R.
1978 - *The Impact of Egypt on Canaan* (Fribourg)

Gophna R. – Kochavi M.
1966 – "An archaeological survey of the plain of Sharon", IEJ 16, pp.143-44

Grandet P.
1983 - "Deux établissements de Ramsès III", JEA 69, p.108
1993 – *L'empire de Ramsès* (Paris)

Granzotto G.
1978 – *Carlo Magno* (Milano)

Grayson A.K.
1980 – *Assyrian and Babylonian Chronicles*. Texts from Cuneiform Sources vol.5 (Locust Valley)

Gregori B.
1986 - "Three-Entrance City-Gates of the Middle Bronze Age", Levant 18, pp.83-102

Grimal N.
1992 - *Storia dell'Antico Egitto* (Roma)

Habachi L.
1980 – "The Military Posts of Ramesse II on the Coastal Road and the Western part of the Delta", BIFAO 80, pp.13-30

Haeny G.
1967 – "Zum Hohen Tor von Medinet Habu", ZÄS 94, pp.71-78

Harel M.
1967 – "Israelite and Roman Roads in Judean Desert", IEJ 17, pp.18-25

Hasel M.G.
1998 – *Domination and Resistence: Egyptian Military Activity in Southern Levant (1300-1185 BC)* (Leiden – Boston – Köln)

Hawkins J.D.
1997 - "Carchemish", OEANE, pp.423-424

Heinrich E.
1997 - "Arches", OEANE, pp.188-190,

Helck W.
1971 - *Die Beziehungen Ägyptens zu Vorderasien im 3 und 2 Jahrtausend v. Chr. Ägyptologische Abhandlungen Band 2. Verbesserte Auflage,* (Wiesbaden)

Herrmann S.
1964 – "Operationen Pharao Schoschensks I. Im Östilichen Ephraim", ZDPV 80, pp.55-79

Herzog Z.
1976a - *The City-gate in Eretz-Israel and Its Neighboring Countries* (Tel Aviv)
1976b - "The City Gate in Israel", TA 3, pp.110-118
1997a - "Fortifications", OEANE, pp.319-326
1997b - *Archaeology of the City* (Tel Aviv), pp.165-211

Higginbotham C.R.
2000 - *Egyptianization and Elite Emulation in Ramesside Palestine* (Leida – Boston – Köln)

Hoffmeier J.K.
2003 – "A new military site on 'The Ways of Horus' Tell el-Borg 1999-2001 a preliminary report", JEA 89, pp.169-97

Holladay J.S.
1997 – "The Four-Room House", OEANE II, pp.337-42

Hölscher U.
1921 - *Die Wiedergewinnung von Medinet Habu* (Tübingen)
1932 – "Migdal" in Paulys Real Enciclopäedia XV.2 (Stuggart), pp.1549-50
1939 – *The Excavations of Medinet Habu II* – OIP 41
1951 - *The Mortuary Temple of Ramses III* - Vol.IV – parte II (Chicago)

Jánosi P.
2005 – "The External High Gate: Sexualized Architecture at Medinet Habu" in P.Jánosi, *Structure and Significance : Thoughts on Ancient Egyptian Architecture* (Wien), pp.439-54

Jean Ch.
1950 - *Arch. Royale. de Mari* I (Paris)

Jéquier G.
1919 – "Matériaux pour servir à l'établissement d'un dictionnaire d'archéologie égyptienne", BIFAO 19, p.1-249

Lacovara P.
1990 – *Deir el-Ballas: Preliminary Report on Deir el-Ballas Expedition 1980-1986* (Winona Lake)

Lambdin T.O.
1980 - "Migdol" in *Interpreter's Dictionary of the Bible* 3 (Nashville), p.377

Lawrence A.W.
1965 - "Ancient Egyptian Fortifications", JEA 51, pp.69-94

Lederman Z.
1985 – "The Middle Bronze Age IIC Defence System", TA 12, pp.140-146

Liverani M.
1991 - *Antico Oriente: Storia, Società, Economia* (Roma - Bari)
1994 - *Guerra e diplomazia nell'Antico Oriente* (Roma-Bari);
1997 - "Ramesside Egypt in a Changing World: An Institutional Approach" in Atti del Convegno Internazionale in onore di Sergio Donadoni - (Roma), pp.101-115;
1998 – *Le Lettere di el-Amarna. Le lettere dei «Piccoli Re»* vol.I (Brescia);
2003 – *Oltre la Bibbia: storia del popolo di Israele* (Roma – Bari)

Kaplan J.
1971 - "Mesopotamian Elements in the MB II cultures of Palestine", JNES 30, pp.293-307
1972 – *The Fortifications of Palestine in the MBII Period* – PJM 4 (Jaffa)
1975 - "Further Aspects of the MBIIA Fortifications in Palestine", ZDPV 91, pp.1-17
1993 – "Yavneh-Yam", NEAEHL, pp.1504-06

Kemp B.J.
1986 - *Amarna Report III* (London)

Kempinski A.
1992 - "Middle and Late Bronze Age Fortifications" in Kaplan J. Kempinski. A. e Reich. R., *The Architecture of Ancient Israel: From the Prehistoric to Persian Period* (Jerusalem), pp.138-141

Kempinski A. e Avi-Yonah M.
1978 - *Syrien und Palästina: von cer Mittleren Bronzezeit bis zum ende der klassik (22 chr.-324 n.chr),* (Monaco-Paris), cap.II e III

Kitchen K.A.
1992 – "The Egyptian Evidence in Ancient Jordan" in P.Bienkowsky *Early Edom and Moab: The Beginning of the Iron Age in Southern Jordan* - SAM 7, pp.21-34

Kochavi M.
1993 - "Tel Zeror", NEAEHL, pp.1524-26

Kochavi M. e altri
1979 – "Aphek-Antripatis, Tel Poleg, Tel Zeror and Tel Burga: Four Fortified Sites of the MB Age in the Sharon Plain", ZDPV 95, pp.126-55

Köhler L. – Baumgartner W.
1985 – *Lexicon in Veteris Testamenti Libros* (Leiden), 492-93

Kruchten J. M.
1981 - *Le decret d'Horemheb* (Bruxelles)

Kupper J.R.
1951 – "Notes lexicographiques", RA 45, pp.125-28

Kuschke A.
1958 – "Beiträge zur Siedlugsgeschichte der Biķāʻ ", ZDPV 74, pp.81-120

Magen I.
1993 – "Shechem", NEAEHL, pp.1345-59

Maspero G.
1886 – "Révision des listes géographiques de Thoutmos III", RT 7 (1886), p.94-101

Matthiae P.
1976 - *L'alba della Civiltà* ed. S.Moscati (Torino), pp.70-78, 92-95 e 129-132
1980 - *Ebla: An Empire Rediscovered* (London)
1982 – "Fouilles à Tel Mardikh-Ebla et à Tell Touqan", CRAI, pp.299-331
1983 - "Tell Tuqan bei Ebla", *Antike Welt* 14, pp.40-50
1992 - *Ebla: un Impero ritrovato* (Roma)
1997 - "Ebla", OEANE, pp.180-183
1998a - "Ebla and Syria in Middle Bronze Age" in Oren E., *The Hyksos* (Tel Aviv), pp.379-414
1998b - "Les Fortifications de L'Ébla Paléo-syrienne: Fouilles à Tell-Mardikh 1995-1997", CRAI, pp.557-588

Mazar A.
1993 - "Beth Shan", NEAEHL, pp.214-223

1997 – "A Four Thousand Years of History at Beth Shan. An Account of the Renewed Excavations", BA 60, pp.62-76

Mazar B.
1957 – "The Campaign of Pharao Shishak to Palestine", VT Supplement 4, pp.57-66

Morris E.F.
2005 – *The Architecture of Imperialism: Military Bases and the evolution of foreign policy in Egypt's New Kingdom* (Leiden-Boston)

Murnane W.J.
1997 – "Overseer of Northern Foreign Countries: Reflections on the Upper Administration of Egypt's Empire in Western Asia" in J.Van Dijk, *Essays on Ancient Egypt in honour of Hermann Te Velde* (Goningen);
2000 – "Imperial Egypt and the limits of power" in Cohen R.–Westbrook R., *Amarna Diplomacy* (Baltimora-Londra), 101-111

Na'aman N.
1982 - "The Land of Israel in the Canaanite period: the Middle Bronze and Late Bronze Ages (2000-1200 B.C.E.)" in I.Eph'al, *The History of Eretz-Israel: Introductions and the Early Periods* (Jerusalem 1982), pp.129-246

Naumann R.
1971 - *Arkitetur Keinasiens* (Tübingen)

Neve P.
2001 - *Die Oberstadt von Ḫattuša: Die Bastion des Sphinxtores und die Tempelviertel am Königs und Löwentor* (Mainz) vol.II

Niwinski A.
1995 - "Le Passage de la XX à la XXII Dynastie: Chronologie et Histoire Politique", BIFAO 95, pp.333-48

Noch J.
1994 – *Semitic Words in Egyptian Texts of the New Kingdom and Third Intermediate Period* (Princeton)

Noth M.
1971 – *Aufsaetze zur Biblischen landes und Altertumskunde* (Neukirchen-Vluyn)

Oates E.E.D.M.
1973 – *Early Vaulting in Mesopotamia: Archaeological Theory and Pratice* (London – New York)

Onasch H.U.
1994 – *Die assyrischen Eroberungen Ägyptens,* 2 vol. ÄAT 27 (Wiesbaden)

Oren E.
1987 - "The Ways of Horus" in A.F. Rainey ed. *Egypt, Israel, Sinai: Archaeological and Historical Relationships in the Biblical Period* (Tel Aviv), pp.69-119
1989 – "Military Architecture along the "Ways of Horus: Egyptian Reliefs and Archaeological Evidence", EI 20, pp.8-22
1992 - "Palaces and Patrician Houses in the Middle and Late Bronze Ages" in Kempinski A.e Reich R., *The Architecture of Ancient Israel: From the Prehistoric to Persian Period* (Jerusalem), pp.105-120
1993a - "Tell Haror", NEAHL, 580-84
1993b - "Sinai", NEAHL, 1389-91

1998 - "The Kingdom of Sharuhen and the Hyksos Kingdom" in E.Oren, *The Hyksos* (Jerusalem), pp.253-283

Oren E. e Shershevsky J.
1989 - "Military Architecture along the Ways of Horus: Egyptian Reliefs and Archaeological Evidence", EI 20, pp.8-20

Palmieri A.
1978 - *Un Decennio di Ricerche Archeologiche* (Roma)

Peet T.E. e Wolley C.L.
1923 - *The City of Akhetaten I* (London)

Petrie W.F.
1906 - *Hyksos and Israelite Cities* (London)

Porten B.
1968 – *Archives from Elefantine* (London)

Reade J
1968 - "Tell-Taya", Iraq 30, pp.247-48

Redford D.B.
1987 - "Perspectives on the Exodus" in A.F.Rainey, *Egypt, Israel, Sinai, Archaeological and Historical Relationships in the Biblical Period* (Tel Aviv), p.143
1992 - *Egypt, Canaan and Israel in Ancient Times* (Princeton)

Reich R.O.
1992 - "Building Materials and Architectural Elements in Ancient Israel" in *The Architecture of Ancient Israel* (Jerusalem), pp.1-16

Rosenvasser A.
1964 - "Preliminary Report on the Excavations at Aksha by Franco-Argentine Expedition", Kush 12, p.96

Shaw I.
1991 – *Egyptian Warfare and Weapons* – Shire Egyptology (Prince Risborough)

Shinnie P.L.
1951 – "Preliminary report on the excavations at 'Amarah West, 1948-49 and 1949-50", JEA 37, pp.5-11

Speiser E.A.
1956 – "*Coming* and *going* at the *City* Gate", BASOR 144, pp.20-23;

Snape S.
1997 - "Ramesses' II Forgotten Frontier", Egyptian Archaeology 11, pp.23-24

Spalinger A.
1983 - "The historical implications of the Year 9 Campaign of Amenophis II", JSSEA 13, pp.89-101

Spencer A.J.
1982 – *Ancient Brick Construction in Ancient Egypt* (Oxford)

Spencer P.
1997 - *Amara West: the Archaeological Report* (London)

Stein D.L.
1997 - "Alalakh", OEANE, pp.55-59

Ussishkin D.
1990 - "Notes on the Middle Bronze Age Fortifications at Hazor", EI 21, pp.1-5

Valbelle D. and Abd el-Maksoud M.
1996 - "La Marche du Nord-Est: L'Égypt du Delta: les Capitales du Nord", DA 213, pp.60-65

Van der Steen E.J.
1996 - "The Central East Jordan Valley in the Late Bronze Age and Early Iron Ages",BASOR 302, pp.51-74
1999 - "Survival and Adaption: Life east of the Jordan in Transition from the Late Bronze Age to the Early Iron Age", PEQ 131, pp.176-192

Vernus P.
1977 – "Le mot Š3tw: branchages, bosquets, bis", RdÉ 29, pp.179-193

Weinstein J.
1981 - "The Egyptian Empire in Palestine: A Reassessment", BASOR 241, pp.1-28;
1991 - "Egypt and the Middle Bronze Age IIC-Late Bronze IA Tansition in Palestine", Levant 23, pp.105-115

Wente E.F.
1987 - *Late Ramesside Letters* (Chicago)

Wolley L.
1921 - *Carchemish* II (Oxford)
1955 - *Alalakh* (London)

Wright G.R.H
1985 - *Ancient Building in South Syria and Palestine* (Leiden – Tübingen)
1987 - "Shechem", EAEHL, pp.1083-1094

Yisraeli Y.
1993 - "Tell el-Far`ah Sud", NEAEHL, pp.441-444

Yadin Y.
1963 - *The Art of Warfare in Biblical Lands* (London)

Yadin Y. e S.Geva
1986: *Investigations at Beth-Shan, The Early Iron Age Strata* - Qedem 23 (Jerusalem)

Yadin Y. e altri
1989 – *Hazor III/IV* (Jerusalem)

Yener K.A.
2001 – "Alalakh: A Late Bronze Age Capital in the Amuq Valley, Southern Turkey", OINN 169

Yurko F.J.
1998 – "Merneptah'Wars, the Sea People and Israel's origin" in Phillips J., *Ancient Egypt the Aegean and the Near East* - Studies in Honour of Martha Rhoads Bell – Vol.I (San Antonio), pp.497-506
2000 – "The End of the late Bronze Age and other Crisis Periods: A Vulcanic Cause ?" in *Gold of Praise* – Studies in Ancient Egypt in Honour of E.F.Wente – OIP 58 (Chicago), pp.455-464

Zertal A.
1995 - " Three Iron Age Fortresses in Jordan Valley", IEJ 45, pp.266-267

www.ingramcontent.com/pod-product-compliance
Lightning Source LLC
Chambersburg PA
CBHW061543010526
44113CB00023B/2786